체코 신학의 지형도

체코 신학의 지형도

정미현 지음

연세대학교 대학출판문화원

체코 신학의 지형도

지 은 이　정미현
펴 낸 곳　연세대학교 대학출판문화원
주　　소　서울특별시 서대문구 연세로 50
전　　화　02) 2123-3380~2
팩　　스　02) 2123-8673
홈페이지　http://www.yonsei.ac.kr/press
E-mail　ysup@yonsei.ac.kr
등　　록　1955년 10월 13일 제9-60호
인　　쇄　(주)네오프린텍

2015년 5월 12일　1판 1쇄
ISBN 978-89-6850-094-7 93230

값　10,000원

머리말

하나님 나라는 우리가 기다리는 것인가? 아니면 이 땅에 우리가 건설하는 것인가? 필자의 신학적 관점으로 단순하게 대답한다면 전자이다. 하나님 나라의 주체는 하나님이기 때문이다. 우리의 몫은 기다림이다. 하나님 나라를 향한 기다림은 그리스도교의 가장 중요한 키워드이다. 그런데 이것은 수동적인 기다림이 아니라, 하나님 나라에 대한 미래적 전망으로부터 우리의 현재적 책임을 촉구하는 적극적이고 능동적인 기다림이다. 하나님 나라는 우리가 건설할 수 있는 객체나 대상이 아니기 때문에, 그 주권은 전적으로 하나님에게 있는 것이다. 그런데 이 미래적 기다림은 막연한 것이 아니다. 이미 과거에 우리에게 임하셨던 사건에 대한 회상적 기다림이기 때문이다. 즉 과거, 현재 그리고 미래의 동시적 성격을 지니고 있다. 이것을 신학적 용어로 "종말론적 희망"이라 이름 부칠 수 있다. 미래의 일이지만, 과거와 연결되어 있고, 그 미래와 과거는 오늘에 영향을 미치는 것이다. 이러한 종말론적 희망을 농축하여 담고 있고, 이어 온 것이 체코종교개혁으로부터 비롯된 체코 신학의 전통이다. 그러한 전통에 대한 안내와 체코 신학의 지형도를 소개하고자 하는 것이 바로 이 책의 목표이다.

언제부터인가 우리나라에서 유럽으로 가는 항공편이 체코의 프라하를 경유하게 되었다. 이 때 이후 체코는 한층 더 우리에게 가깝게 다가왔다. 이러한 물리적 접촉이 없었더라도 이미 카렐 차페크(Karel Capek 1890-1938), 야로슬라프 사이페르트(Jaroslav Seifert 1901-1986), 밀란 쿤데라 (Milan Kundera 1929-), 바츠라브 하벨(Vaclav Havel 1936-2011)[1]등으

1) 바츠라브 하벨은 1968년 젊은 극작가로서 공산당의 일방적 독재에 항거하는 글을 발표하였고, 이후 1977년 민주적 대안운동을 주도했다. 그리고 그는 지식인 그룹에 의해 발표된

로 이어지는 체코 문학은 우리에게 깊숙이 자리하고 있다. 이러한 정신적, 물리적 접촉들이 체코의 무형적 유산들을 이해하는데 더욱 도움이 되리라 생각한다. 그런데 체코의 빛나는 문화 유산 속에는 신학적 전통이 깊이 스며들어 있기 때문에 그 내용을 살펴보는 것은 매우 중요하다. 그래야 이들의 문화에 대한 총체적 이해가 가능하기 때문이다.

수년 전에 "프라하의 연인"이라는 텔레비전 드라마가 방송된 적이 있었다. 이 드라마의 첫 장면은 체코 프라하 구 시가지의 얀 후스 동상을 중심으로 전개되었다. 이 드라마의 방영 이후로 후스 동상 앞은 연인들의 약속 장소로 혹은 연인들이 남겨 놓은 사랑의 쪽지가 결실을 맺는 장소로 알려지게 되었다. 실제로 그러한 사랑의 로맨스와는 전혀 관계가 없던 이 동상의 주인공에 대하여 설명하고 싶은 마음이 필자에게 들었던 것이 그 즈음이었다. 우리나라의 많은 젊은이들이 유럽에 여행을 가는 것은 반가운 일이다. 가서 배우고 느끼고 그 장소성이 지니고 있는 의미를 확인하여야 될 곳들이 너무 많기 때문이다. 그런데 가서 무엇을 하고 오느냐가 또 중요하다. 프라하의 얀 후스 동상 앞에서 쪽지 남기고, 인증 샷 찍고, 스타벅스 가서 커피 마시고… 그런데 그러고만 오기에는 너무 아깝고, 오늘날에도 추구할 만한 고귀한 가치와 역사적 정신을 담고 있는 소중한 장소가 체코 프라하이다. 물론 얀 후스가 누구였는지 우리나라 신학계에서 조차 소개되지 않았기 때문에 일반적으로 사람들은 잘 모를 수 밖에 없다. 보통 종교개혁자 하면 마틴 루터만을 언급하기 때문이다. 후스가 마틴 루터 보다 100여년 앞서서 종교개혁을 감행했던 사실에 대해서는 거의 알지 못한다. 그래서 이러한

"77헌장"의 주도적 인물이 되었다. 1979-1983년 국가 전복죄로 복역했던 경력을 갖기도 했던 그는 1990년 체코슬로바키아 연방공화국 대통령으로 당선되었다. 이후 갈등과 대립 양상의 체코와 슬로바키아의 분열을 막기 위해 대통령직도 사임했었지만, 그 뜻을 이루지 못하였고 결국 1993년 체코공화국만의 대통령으로 다시 선출되었다.

내용을 담은 책을 우리나라 독자들에게 소개하고자 하는 것이다. 종교개혁 이후 현대로 이어지는 체코신학을 전체적으로 조망할 수 있는 지형도를 우선 소개하고, 얀 후스로부터 시작되어 21세기 얀 밀리치 로흐만까지 이어지는 체코 신학 전통에 대하여 조금이나마 알려지게 되기를 바라는 마음으로 이 책을 발간한다. 이후로는 각 주제별로 더욱 심화된 연구를 소개할 계획이다.

체코는 지정학적으로 강대국에 둘러싸여 역사적으로 수많은 고난을 받았기 때문에, 우리나라의 역사와 비교될 수 있다. 그리고 두 나라 모두 그 고난의 역사 안에서도 좌절하지 않고, 민족의식과 자긍심, 주체성을 갖고 앞을 향하여 전진하여 나아갔던 유사성을 지녔다. 체코의 신학적 전통은 지금까지도 그리스도교 주류의 흐름으로 분류되지는 못했지만, 시대적 간격을 떠나서 오늘날에도 우리에게 시사하는 바가 많이 있다. 그리고 그러한 내용을 검토하는 것이 우리의 신학과 교회를 정화하는데도 도움이 되리라는 확신에서 이 책의 원고를 준비하였다.

2015년은 얀 후스 순교 600주년을 기념하는 해이다. 그래서 다채로운 학술행사들이 이어지게 된다. 후스의 신학적 사상은 중세기에서 종교개혁으로 이어지는 시기에만 영향을 끼친 것이 아니라, 체코의 근, 현대에도 면면히 살아남아 "벨벳혁명"("무혈혁명" 혹은 "비단혁명")에까지 영향을 미치게 되었던 것이다. 체코는 동구권 국가 중에서 가장 바람직한 방법으로 유혈적 희생 없이 1989년 사회체제의 변화를 이루어 내었던 나라이다. 이 책이 후스에서부터 21세기로 이어지는 체코의 개혁주의적 신학 전통을 이해할 수 있을 뿐 아니라, 이러한 변화를 이루어 낸 근본적 동력을 이해하는데 독자들에게 조금이나마 도움이 되면 좋겠다. 이 책은 각 장을 따로 읽을 수 있도록 구성되었으며, 그렇기 때문에 간혹 중복되는 내용이 있을 수 있음에 대해 독자의 양해를 구한다.

최근 유럽에서는 2017년 마틴 루터 종교개혁 500주년을 기념하기 위한 많은 준비 작업들이 다차원적으로 진행되고 있다. 현재 한국 개신교의 상황은 여러모로 중세 말기 종교개혁이 일어나야만 했던 가톨릭 교회의 부패된 모습과 유사성을 지니고 있는 것이 많다. 그러한 점에서 종교개혁 500주년을 내다보며, 우리의 상황을 점검하며, 21세기 한국적 종교개혁의 모습을 구상하고 실현하는데 이 책이 조금이나마 보탬이 된다면 좋겠다. 이 책을 통하여 종교개혁이 어느 한 사람에 의하여 1517년 시작되고 마무리된 것이 아님을 알 수 있을 것이며 특히 마틴 루터 보다 100여년 앞서 시작된 얀 후스의 종교개혁의 흐름이 어떻게 21세기로 이어지고 있는지를 살펴볼 수 있게 될 것이다.

한가지 먼저 언급하고 싶은 것은 이 책에서 언급되는 가톨릭교회에 대한 비판은 중세 가톨릭 교회에 대한 것이지, 오늘날의 가톨릭 교회를 지칭하는 것이 아님을 밝힌다. 필자는 개신교 신학자이고, 종교개혁을 중요시 하지만, 그렇다고 해서 가톨릭 교회를 폄하하거나 이단시하려는 일부 개신교의 경향을 따르는 것이 결코 아니다. 이 책은 개신교의 종교개혁을 위한 내용을 담고 있다. 개신교의 측면에서 가톨릭 교회의 문제성에 대해서 이야기하기 보다는 우리에게는 개신교 내부의 자체적 정화작용이 더 시급하고, 한발 더 나아가서는 우리에게 여전히 생소한 "에큐메니칼 정신"을 민주화하고 대중화해야 될 것이다.

여러 형태로 더 바랄 것 없이 좋았던 스위스의 그리스도교 국제기구 미션 21의[2] 최고 경영자 직책을 모두 내려놓고 2013년 필자가 다시 귀국하게 되기까지 사실 많은 망설임이 있었다. 많은 것을 새로 공부하고, 굉장히 보람있고 편안하게 최상의 연구조건이 갖추어진 곳에

---

2) http://www.mission-21.org/en/index

서 일하며 살면서도 한국과 한국 교회, 신학을 위하여 일하라던 필자의 스승 로흐만 교수의 권면의 말씀은 늘 뇌리에 남아 있었다. 그 분의 충고와 조언은 필자가 다시 귀국할 것을 결심하는데에 가장 결정적 영향을 끼친 것이었다. 이제 새로운 각오로 섬기게 된 연세대학교에서 그 분의 신학적 배경과 사상을 소개하는 책을 발간할 수 있게 된 것이 무척 감사할 따름이다. 이 책의 발간을 흔쾌히 결정해 주시고 후원해 주신 연세대학교 대학출판문화원 위원회와 출판제작비를 지원해 주신 연세대학교 연구처 관계자와 출판을 위해 재정지원해 주신 독일 모라비안 선교회 본부(Moravian Mission Society in Germany)와 스위스 미션 21(mission 21 in Switzerland)에 진심으로 감사 인사드린다. 그리고 늘 한결같이 필자의 연구와 사역을 기도로 응원해 주시는 어머니와 함께 이 책의 발간의 기쁨을 나누고 싶다.

2015년 1월 21일

연세대학교 루스채플 원일한 홀 연구실에서

정미현

차례

01

“제 1의 종교개혁”

- 얀 후스

1. 들어가는 말

교회와 신학의 기본토대는 바로 하나님 말씀이다. 간단한 진리인데, 그 하나님 말씀에 대한 자의적 해석 때문에 그것을 행하는 것이 쉽지가 않다. 예수 그리스도 부활에 근거해서 오순절 사건이후 생겨난 교회의 역사를 돌이켜볼 때, 바로 이 하나님 말씀에 초점을 맞추고자 하는 수많은 개혁의 시도들이 있어왔음을 알 수 있다. 그 중에 가장 대표적인 사건이 바로 종교개혁이다. 종교개혁은 종교의 굴레에 갇힌 하나님으로 하여금 하나님되게 하고, 인간으로 하여금 인간에게 씌워진 모든 굴레에서 벗어나 복음의 말씀에 따라 참 자유인으로 살아가게 하라는 외침이며 해방의 투쟁이었다.

이러한 종교개혁의 결과로 생겨난 개신교의 최대 약점은 분열이다. 한국개신교회는 20세기 초기 미국 선교사들의 치열한 선교 경쟁의 영향 뿐 아니라 지역갈등이 덧붙여진 교단간의 분열로 세계에서 그 유래를 찾아볼 수 없을 만큼 심히 분열되어 왔다. 그런데 교회 분열은 단지 종교적 문제로 그치는 것이 아니라, 사회적, 지방적 갈등을 야기시키며 화해와 치유가 아니라, 오히려 그 반대의 현상을 부추긴다. 최근 장로교를 중심으로 일어나고 있는 장로교 연합운동은 각 교파와 교단의 특성은 인정하되, 각각의 다양성 속에 교회간의 일치를 꾀하고 우리가 직면한 사회 공동체의 책임 앞에 서로 협조적으로 노력하고자 하는 움직임이다. 바로 이같은 일치의 터전은 구약의 예언자와 신약의 사도들의 증언으로 이어지는 하나님의 말씀에서 찾을 수 있음은 더 말할 나위도 없다. 그러면서도 한걸음 더 나아가 우리는 개혁교회의 근원인 종교개혁의 의미와 내용을 되돌아보며, 우리자신 스스로 우리들의 자리매김을 해보며 앞으로 나아갈 방향을 가늠해 볼 수 있겠다. 종교개혁의 의미를 되새긴다고 하는 것은 가톨릭교회를 이단시하거나 배척해야 된다는 뜻은 결코 아니다. 종교개혁적 정체성을 지켜나가면서도 그리스도의 몸과 지체로서의 연합을 추구해야 되기 때문이다. 정체되거나 완성된 개혁교회란 있을 수 없고, 끊임없이 개혁되어야만 하는 교회(Ecclesia Reformata Semper Reformanda)로 거듭나야 하는 것이다. 그러기 위해서는 부단히 자체적 갱신의 노력을 해야 되는 것이지 다른 교파를 폄하해야 되는 것이 아니다. 특별히 아래에서 다루게 될 가톨릭 교회는 21세기의 가톨릭 교회가 아니라, 중세의 가톨릭 교회임을 분명히 할 필요가 있다.

1) 종교개혁의 배경

1095년 프랑스 중부 클레르몽에서는 이슬람인들의 수중에 들어있는 예루살렘 성지를 탈환해야 된다는 명목으로 십자군을 일으키기 위한 회의가 열렸다. 이듬해인 1096년부터 약 170여년간(1096-1270) 8차에 걸친 이 십자군 원정은 많은 인명과 재산의 손실을 가져온 채 교회역사상 씻을 수 없는 그리스도교의 죄악으로 남아있다. 하나님의 이름으로 성전을 일으켰으나 오히려 이것은 하나님의 뜻을 저버리고 인간의 야욕을 드러낸 추악한 전쟁이었다. 11세기에 유럽에서는 인구확장과 농업생산증대에 의한 경제력을 바탕으로 도시가 생겨나고 사회가 안정되게 되었다. 이와 더불어 교역이 활발해지자 유럽인들은 외부로 눈을 돌릴 수 있었는데, 당시 지중해를 장악하고 있던 이슬람인들이 유럽인의 교역을 방해하고 예루살렘성지를 방문하는 유럽그리스도교인들에 대한 박해가 있게 되자 이들은 십자군 원정을 일으키게 된 것이다. 이 십자군 운동은 이웃종교에 대한 그리스도교 배타성의 문제를 극단적으로 드러냈다. 또한 십자군 전쟁과 그 전쟁비용충당을 위한 수단으로 생겨난 면죄부가 곧 구원에 이르는 매개체인 것처럼 말하여 복음을 왜곡하는 제도가 마련된 것이였다. 이러한 면죄부가 구원을 위한 사다리로 여겨졌기 때문에 이를 문제시하고 나선 종교개혁자들은 한결같이 하나님의 십자가와 부활의 은혜와 이를 받아들이는 믿음에 의해 구원이 이루어짐을 강조했다.

또한 중세기는 교회 제도화의 시기였는데, 이것은 내부체계뿐 아니라, 외향적 모습에도 해당되는 것이었다. 교권을 지닌 사람들은 그 힘과 권력을 과시하고자 그 앞에서 위압감을 느낄 수 밖에 없는 웅장한 대형교회건축에 온 힘을 기울였던 것이다. 그런데 십자군전쟁의 영향으로 더욱 강력해진 교황권을 과시하고, 베드로가 순교한 로마에 베드로 성당을 건축하여 그 정통성을 이어받아 교권을 확장하려는 욕망은 오히려 교회를 내부로부터 부패하게 만들었다. 당시의 교황들과 교권을 쥐고 있던 이들은 대부분 향락과 사치, 예술에의 심취, 성적 방탕, 권력남용의 모습을 드러냈다.[1] 예술에 대한 이들의 열정이 르네상스 예술을 극도로 발달시켰다고도 볼 수 있으나, 이들의 절제력 잃은 무분별함은 결국 종교개혁을 재촉케 하였다. 또한 이처럼 십자군전쟁비용과 교회 건축과 교회 치장용 비용을 마련하기 위해 생겨난 무모한 면죄부 판매는 마침내 종교개혁을 가져오게끔 한 직접적 도화선이 되었다.

2) “제 1의 종교개혁”[2]

2017년은 종교개혁자 마틴 루터의 종교개혁 500주년을 기념하는

1) 참고: 유스토 L. 곤잘레스, 『중세교회사』, 서영일 역, (서울: 은성, 1993), 243-249.

2) 이 논문은 다음의 논문을 토대로 수정, 보완한 것이다. 정 미현, “제1의 종교개혁”, 『신학사

해이다. 그런데 이 종교개혁을 기념하는 행사는 일차원적으로가 아니라 다각적으로 이루어져야 할 것이다. 종교개혁은 1517년 10월을 기점으로 루터에 의하여 처음 시작되고 마무리된 것이 아니기 때문이다.

10월 마지막 주가 되면 우리나라 교회에서는 어김없이 "내 주는 강한 성이요"를 부르며 종교개혁을 기념한다. 그래서 흔히 우리나라 그리스도교인들은 종교개혁자라 하면 독일의 마틴 루터만을 쉽게 떠올리며, 그의 종교개혁만을 기억한다. 이러한 현상은 독일 민족의 세계사적 위치와 영향, 팽창정책으로부터 가능하게 된 듯하다. 그러나 우리나라 개신교의 70%는 장로교이고, 그 장로교의 근원을 거슬러 올라가면 루터의 신학은 오히려 우리 한국개신교회와 신학적으로 직접적 관계가 없음을 알게 된다. 한국 장로교의 근원은 스위스의 종교개혁자 칼빈에게서 그 뿌리를 찾을 수 있으며, 더 나아가 칼빈이 직접적으로 크게 영향받은 스위스의 종교개혁자 츠빙글리에게서 그것을 찾아야만 하기 때문이다. 이 글에서 의도하는 바는 위에 언급한 대체적으로 잘 알려진 종교개혁자들 외에 교회사에서 잘 알려져 있지는 않지만 엄밀한 의미에서 "제1의 종교개혁"을 가능하게 한 체코의 종교개혁자 얀 후스(Jan Hus)를 소개하는 것이다.[3]

루터의 종교개혁이 나오기까지에는 많은 종교개혁의 샛별들이 있었고 교회 개혁을 위한 여러차례에 걸친 종교회의(Konzil)들이 있었다. 영국에서는 위크리프가 교회개혁의 선봉이 되었었고, 프랑스의 클뤼니와 씨토에서 일어났던 수도원 개혁운동은 비교적 성공을 거둔 대표

상』, (천안: 한국 신학연구소, 1996).

3) 후스가 등장한 배경과 이후 이어지는 역사에 대한 내용과 지리적인 측면에서 역사적 장소들을 설명한 책으로는 다음을 참고: 김장수, 『(주제로 들여다본) 체코의 역사: 후스의 종교개혁부터 벨벳혁명까지』, (파주: 이담 Books), 2013, 17-49; 이지 오떼르, 『(걸어서 가보는) 프라하 종교개혁 이야기』, 김진아 역, (서울: 한국장로교출판사, 2012).

적인 것이었으며, 이탈리아에서 아씨시의 프란시스나 피터 왈도, 지롤라모 사보나롤라등은 청빈한 삶과 복음적 진리실현을 위한 삶을 통해 제도화된 교회의 모습에 경각심을 일깨우고 새로운 공동체운동과 개혁운동을 주도한 장본인들 이었다. 보헤미아와 모라비아지역에서도[4] 얀 밀리치 크렘지에(Jan Milic Kromerize 1374 사망)와 마티아스 폰 야노프(Matthias von Janov 약 1353-1393)같은 이들은 종교개혁의 토대를 마련하였고, 루터보다 100년 앞서 종교개혁을 주도한 얀 후스에게 상당히 중요한 영향을 끼쳤다.

"제1의 종교개혁"이라 불리는 체코의 종교개혁자 얀 후스[5]를 주축으로 생겨난 일련의 개혁운동에 대한 이러한 정의는 체코의 교회사학자 아메데오 몰나 (Amedeo Molnar)의 주장에 근거한다. 이 주장에 대하여 독일어권의 명망있는 신학자들도 동조하는데 그 한 예가 F. W. 마르크바르트이다. 그는 그의 책 서문에서 독일신학이 사변적, 비실천적으로 흘러왔음에 대해 비판하면서, 실천적 성격의 전통이 강한 체코종교개혁을 "제1의 종교개혁"으로써 주목하게 한다.[6]

루터의 두 왕국론이[7] 오히려 당시 농민들을 탄압하는 이론적 근거

---

4) 체코의 지역명. 2차 대전 중에는 독일의 점령지가 되었다. 독어로는 뵈멘과 메렌(Böhmen und Mähren)이라 불린다.

5) Vgl. R. Riemeck, *Jan Hus. Reformation 100 Jahre vor Luther*, (Frankfurt am Main: Stimme-Verlag, 1966). 정 미현, "제1의 종교개혁", 『신학사상』, (천안: 한국 신학연구소, 1996), 165-191.

6) Vgl. F. W. Marquardt, *Von Elend und Heimsuchung der Theologie. Prolegomena zur Dogmatik*, (Gütersloh: Gütersloher Verlagshaus, 1992), 9.

7) 디트리히 본회퍼(Dietrich Bonhoeffer)는 "세상에 대한 그리스도교인의 책임"이라는 개념을 통하여 두 왕국론의 분열을 극복하며 성서를 또한 정치적으로 해석하고자 노력했다. 복종과 질서라는 개념으로 유추되고 왜곡된 나치즘의 문제상황을 본회퍼는 누구보다 날카롭게 직시하였기 때문이다.
유럽에서 종교개혁이 일어나 개신교가 생겨나기 시작한 시기가 바로 로마 가톨릭이 가장

를 제공하고,8) 기득권자들의 편에 선 루터의 종교개혁이 미온적 태도

급속하게 세계로 퍼져나갔다는 것은 흥미로운 것이다. 종교개혁으로 말미암아 유럽 교회가 내부의 문제점을 둘러싸고 진통하고 있을 때, 오히려 로마 가톨릭교회는 자체의 문제점을 고쳐나가며 이미 활발하게 능동적으로 그들의 해외선교정책을 펴 나갔다. 루터가 농민전쟁에서 불의와 타협하고 있을 즈음, 로마 가톨릭의 선교지 남아메리카에서, 자행되는 불의에 저항하며 교회개혁을 향해 끊임없이 몸부림했던 가톨릭 사제들이 있었다는 것도 우리가 염두에 둘 사항이라고 생각한다. 유럽인 사제로서 남아메리카에서 선교활동을 하던 이들을 크게 두 부류로 보면, 한 부류는 선교라는 명목으로 오히려 유럽의 경제적, 정치적 야욕의 확장에 앞장 선 이들이다. 이들은 남아메리카 원주민에 대한 유럽인의 착취와 탄압에 직, 간접으로 참여했다. 다른 한 부류는 복음을 전하려는 순수한 열정을 지니고, 착취당하는 원주민 편에 서서 유럽교회와 그리스도교인들이 자행하는 불의와 부정의에 과감히 맞서서 교회의 개혁을 시도해 나간 사람들이다. 후자에 속하는 사람가운데 바르토로메 데 라스 카사스(Bartolome de las Casas)를 대표적으로 꼽을 수 있는데, 그는 본국 스페인에 인디언들에 대한 착취를 보고하며, 이를 시정하기 위해 부단히 투쟁한 도미니크파 사제였다. 참고: 정미현, "개혁주의적 원칙: 마틴 루터-바르톨로메 드 라 카사스를 중심으로",「말씀과 교회」, 1997년, 16호, 80-87.

8) 우리는 루터의 종교개혁이 지닌 긍정적인 많은 공헌을 인정하면서도 그의 종교개혁의 한계를 직시하여야 할 것이다. 20세기에 탁월한 영향력을 끼쳤던 신학자 중에 레온하르트 라가츠(Leonhard Ragaz), 칼 바르트(Karl Barth), 디트리히 본회퍼(Dietrich Bonhoeffer) 등과 같은 이들은 이미 루터의 두 왕국론과 농민 전쟁에서 보인 그의 입장이 초래한 많은 문제점을 예리하게 파헤쳤다. 종교개혁의 정신을 철저히 실현하고 관철해야만 했던 마틴 루터(Martin Luther)는 참으로 유감스럽게도 일찍이 그의 한계를 드러내었다. 목숨을 보존해야 했고, 자신이 생각하는 개혁을 이루기 위한 이론적 근거로써의 두 왕국론을 바탕으로 농민전쟁에서 드러난 루터의 태도는 농민을 비롯한 억압당하는 대다수 민중들을 실망시킨 것이었다. 농민전쟁을 치루고 난 뒤 이들은 무참히 패배당했고, 처형되었다. 새롭고 정의로운 사회질서와 삶을 희망했던 이들의 꿈은 경제적, 정치적 힘을 지닌 봉건제후와 영주들에 의하여 여지없이 무너졌다. 이로써 루터의 두 왕국론은 오히려 이들 기득권자들을 옹호하는 이론적, 실질적 토대가 되었다. 특히 스위스 신학자 레온하르트 라가츠는 루터의 두 왕국론을 독일 나치주의와 히틀러가 나오게끔 한 요인이라고 날카롭게 비판한다. 이 두 왕국론은 전체주의, 독재주의를 용인하는 이론적 근거가 되어 루터로 부터 히틀러로 이어지게 했다는 것이다. 그래서 라가츠는 루터를 "제3제국의 원조(Urvater des Dritten Reiches)"라 비판한다. Vgl. L. Ragaz, *Die Botschaft vom Reiche Gottes*, 291. zit. nach E. Stegemann, "Gottes Reich und seine Gerechtigkeit für die Erde. Zur Geschichtstheologie von Leonhard Ragaz", *Neue Wege*, 1992, 86 Jg., 209.

우리가 부르는 찬송가를 보면 참으로 부끄러운 노릇이다. 우리가락으로 지어진 곡을 찾아보기 힘들고 모두가 영미의 곡조일색이기 때문이다. 우리보다 그리스도교가 강세를 보이지 않는 동남아시아나 아프리카의 교회들도 그들나름의 토착화된 음악과 춤이 예배에 이용되는데 한국민의 자존심은 어디로 갔는지 모르겠다. 우리나라를 처음 찾은 서구의 외국인들

를 보이자, 루터파라 불리우던 토마스 뮌처는 루터의 이러한 태도에 크게 실망하게 되며 급진적이며 철저한 종교개혁을 추구하고자 한다.[9] 때문에 그는 그에게 보다 더 교회개혁에 이상적으로 여겨진 후스와 후스파와 구체적으로 연관지어보고자 프라하에 가서 활동하게 된다. 후스파의 영향으로 종말론적 희망을 기대하게 된 것도 이러한 맥락에서 이해될 수 있다.[10] 뮌처는 교회의 개혁이 오히려 보헤미아인들에 의하여 옳게 진행될 것이라 믿었다. 이것은 후스에 대한 뮌처의 신뢰감으로부터 비롯되었다. 그럼 그 후스란 인물은 누구였으며 그의 신학사상의 내용은 무엇인가?

이 우리의 예배에 참여했을 때 언어가 다른데도 거의 한결같이 낯설어 하지 않는 이유는 바로 우리가 부르는 찬송이 그네들의 곡조이기 때문인데 이로인해 우리는 비꼬임을 당하기도 한다. 심지어 독일인들이 한때나마 히틀러 제3제국의 국가의 곡조였기 때문에 입에 올리기를 싫어하는 찬송 "시온성과 같은 교회"도 우리는 서슴없이 부른다. 이것은 우리가 별 생각없이 서구의 그리스도교를 답습했기 때문이며 그리스도교의 토착화를 위해 갈 길이 멀다는 뜻이다.

9) 토마스 뮌처는 프라하에 머문 적이 있었는데, 후스가 설교했던 베들레헴교회와 성모 마리아교회에서 설교했고, 성모 마리아 교회는 후스파의 거점교회이자, 여성을 포함한 일반 평신도에게 주님의 몸과 피를 상징하는 빵과 포도주가 배분된 양성성찬파의 가장 중요한 교회로 유서깊은 곳이다. 또한 성모 마리아 교회에서 후스파의 상징적 의식인 두 요소 주의 만찬(이종배찬)에 참여 하였다고 전해진다. 역사가의 기록에 의하면 그가 루터파적 성향을 도입하려하고, 수도원과 교회 자산을 망가트렸기 때문에 프라하 시의회의 결정에 의하여 프라하에서 쫓겨났다고 하는데, 그는 1521년 "프라하 선언"이란 글을 남겼다. Eduard Maur, *Thomas Müntzer*, (Praha: Universita Karlova, 1993), 135, Marie Vachenauer, *Kafkas Roman Der Process als Spiegelung historischer Ereignisse in der Stadt Prag*, (Berlin: Frank & Timme, 2014), 105에서 재인용.

10) 그러나 뮌처가 후스파에 대해 가졌던 기대는 모두 충족되지 못하였고, 프라하에서의 경험을 바탕으로 독일 비텐베르크에서 종교개혁을 완성시켜야 한다는 생각을 갖고 다시 독일로 돌아온다.

2. 얀 후스와 종교개혁[11)]

1) 얀 후스의 생애

우리에게 "몰다우"의 아름다운 선율 때문에 친숙하게 알려져 있는 스메타나(1824-1884)의 "나의 조국(MA VLAST)"은 체코의 역사를 주제로 총 6곡으로 구성된 연작 교향시[12)]이다. 당시 보헤미아(현재의 체코 공화국)는 오스트리아 합스부르크왕조의 통치하에 있었는데, 독립을 위한 보헤미아인들의 끊임없는 노력에도 불구하고 피압박민족의 설움은 그칠 줄을 몰랐다. 각 나라마다 근대적 자각이 싹트고 주체 의식이 드높아가던 시대상황 속에 민족주의적 작곡가 스메타나는 1848년 합스부르크의 통치에 대항하는 봉기를 계기로 흐트러져가는 민족혼을 일깨우고, 보헤미아인들에게 용기를 심어주고자 체코 특유의 민족적 정서를 담은 교향시를 탄생시켰다. 그 주제는 모두 체코의 역사적 장소와 자연, 전설을 담은 것인데, 특히 민족정신을 고취시키기 위하여 체코인들에게 널리 사랑받던 후스와 그의 사상, 또한 그를 따르던 무리인

---

11) Vgl. R. Riemeck, *Jan Hus. Reformation 100 Jahre vor Luther*, (Frankfurt a. Main: Stimme-Verlag, 1966). 정미현, "체코의 종교 개혁자 얀 후스. 제1의 종교개혁", 『신학사상』, (천안: 한국 신학연구소, 1996), 165-191.

12) 체코 민족적 멜로디와 정서가 풍부히 포함된 이 교향시의 각 장의 주제는 다음과 같다. 1곡 비세라드는 프라하 근교의 높은 성인데 옛 보헤미아 왕가의 화려함과 몰락을 선율로써 묘사한다. 2곡 몰다우는 체코 남쪽 고원으로부터 북쪽으로 흐르는 중요한 강이다. 프라하를 가로질러 엘베강과 합류하여 독일로 흘러가는 체코의 젖줄이라 불리우는 이 강이 풀잎에 맺힌 이슬로 부터 시작되어 여러 지류가 합하여져 큰 강을 이루게 됨을 아름답고 단순한 선율로써 묘사한다. 3곡의 주제인 샤르카는 전설적인 여장부인데, 이 곡은 그녀의 무용담을 전하고 있다. 4곡은 보헤미아의 목장과 초원을 주제로 보헤미아의 아름다운 경관을 묘사한다. 5곡의 주제는 타보르이다. 이 곡은 바로 후스파의 한 부류인 타보르파가 신앙을 수호하려는 모습을 담고 있다. 6곡 블라닉은 보헤미아의 한 산이름인데 5곡과 연관되어 후스파들이 투쟁하던 역사를 그려낸다.

후스파의 이야기가 이 교향시를 통해 다루어진다.

그럼, 후스는 누구였던가?[13] 보편적으로 독일어권 교회사책에서 후스는 대단한 평가를 받지 못하고 있다. 한마디로 말한다면 그는 1415년 7월 콘스탄츠 공의회에서 이단자로 낙인찍혀 화형된 체코인이다.[14] 독일과 체코간의 오래된 민족적 갈등에서, 또한 게르만 민족 우월주의에서 비롯된 오만함이, 중세기의 타락되고 부패된 교회에 날카로운 비판을 가하고 교회사에 새로운 전환점을 마련한 한 종교개혁자를 오해, 축소, 왜곡시켜 왔다 해도 과언이 아닐 것이다.[15] 칼빈은 후스가 처형된 콘스탄츠 공의회의 부당함을 잘 인식하고 있었고[16], 양성

---

13) 후스에 대한 내용들이 우리나라에서도 조금씩 정리되어 소개되는 경향이다. 다음의 글들을 참고: 우선 학위 논문으로는 박찬희, "보헤미아 개혁자 얀 후스에 대한 연구: 교회론 중심으로", 석사학위논문, 서울신학대학원, 2002; 신창임, "후기 중세시대의 얀 후스 종교개혁에 관한 연구", 석사학위논문, 호남신학대학원, 2006; 강홍신, "15세기 보헤미아 개혁운동 연구", 석사학위논문, 침례신학대학원, 2013; 그 외 일반 논문으로는 황정식, "John Hus와 Bohemia의 종교개혁 운동",『호남신학대학교 학술논문집』, 5집, (1985), 249-271; 티모시 조지, "종교개혁의 선구자 얀 후스", 김창주역,『말씀과 교회』, 3호, 2007, 41-48; 토마스 훠지, "순교자 얀 후스", 김창주역,『말씀과 교회』, 3호, 2007, 27-40; 홍지훈, "얀 후스와 올바른 교회상",『교육목회』, 33호, 2008, 봄, 92-99, 홍지훈, "후스의 종교개혁과 교회 갱신",『신학이해』, 15집, 1997, 104-122; Matthew Spinka 엮음,『개혁의 주창자들: 위크리프부터 에라스무스까지』, 백충현, 김봉수 역, (서울: 두란노 아카데미, 2011), 212-312. 체코 신학자에 의한 가장 최근의 후스 소개서로는 다음을 참고: 토마쉬 부따,『얀 후스를 만나다』, 이종실 역, (서울: 동연, 2015).

14) 후스라는 이름은 체코어로 거위라는 뜻이다. 그가 마지막에 감옥에서 남겼던 글로부터 다음과 같은 일화가 전해진다. "오늘 당신들은 거위를 한 마리 굽게 될 것이지만, 백년 뒤에는 굽지도, 끓이지도 못할 백조의 노래를 듣게 될 것이오." 후스는 이러한 표현을 통하여 이미 백년 후에 루터의 등장을 예견했다고 한다. 오늘날까지 거위는 후스를 뜻하고, 백조는 루터를 뜻하는 상징으로 쓰여지게 되었다.

15) 그 한 예로써 독일의 가장 대표적인 교회사학자 가운데 한 명인 칼 호이씨(Karl Heussi)와 그의 대표적인 교회사 개요책(Kompendium der Kirchengeschichte)을 들 수 있다.

16) Vgl. F. M. Dobias, "Calvin-Luther-Hus", *Communio Viatorum*, 1967, Vol. X. 칼빈이 신성로마제국 황제 칼 5세에게 헌정한 "황제에게 드리는 탄원적 권면 (Supplex exhortatio, 라틴어판 1543, 불어판 1544)"의 글에서 그는 황제에게 군주들과 힘을 모아 교회의 옛 모습을 회복하는데 동참해 줄 것을 호소하였다. 그래서 그의 글을 통하여 교회 회복을 갈망하

배찬을 지지했다. 더 나아가서 루터는 공공연하게 후스의 사상을 인정하고 높이 평가했다. 그 한 예로써 그 유명한 라이프치히 논쟁시기에 루터는 후스의 글을 많이 인용했으며, 그뿐 아니라 후스를 화형에 처한 콘스탄츠 공의회의 부당성을 지적하고 자신을 후스의 후예라고 칭할 정도로 교회사적으로 중요한 선언을 하기도 했다[17]. 이처럼 후스는 당시 종교개혁자들에게 이미 인정받은 선구자적 종교개혁자였음에도 불구하고[18], 안타깝게도 교회사에서 중심적 위치를 차지하지 못하고 주변화된 인물로 혹은 비주류로 조금 다루어져 왔을 뿐이다.

얀 후스(대략 1370-1415)는 보헤미아 남부의 후시네크 지방에서 가난한 농부의 아들로 태어났고 프라하 대학에서 사제가 되기 위하여 철학과 신학을 공부하였다. 그는 아주 단순한 이유로 사제가 되려했는데, 무엇보다도 안정된 생활기반을 마련하기 위하여 직업으로서의 사제

는 사람들의 소리에 경청하여 줄 것을 요청한 것이었다. 이글에서 칼빈은 루터와 종교개혁자들의 발자취를 따르고 있음을 언급한다. 참고: 불페르트 더 흐레이프,『칼빈의 생애와 저서들』, 황대우, 김미정 공역, (서울: SFC, 2006), 247f. Jean Calvin, "*Supplex exhortatio*", *Calvini opera quae supersunt omnia*, ed.by Edouard Cunitz Baum, Johann-Wilhelm Reuss, Eduard Wilhelm Eugen, (Brunsvigae: C.A. Schwetschke), 1863, 459.

17) Vgl. W. Delius, "Luther und Huss", *Luther Jahrbuch 1971*, hrsg. von Helmar Junghans, (Hamburg: Friedrich Wittig Verlag, 1971), 9-25.

18) 후스와 체코 종교개혁은 후대의 종교개혁자들 뿐만 아니라, 종교개혁의 비판자들 즉, 로테르담의 에라스무스, 토마스 뮌처등에게 까지 영향을 끼쳤다. Vgl. A. Molnar, "Thomas Müntzer und Böhmen", *Communio Viatorum*, Vol. I., 1958: F.M. Bartos, "Erasmus und die böhmische Reformation", *Communio Viatorum*, Vol. I., 1958. 뮌처는 교회의 개혁이 오히려 보헤미아인들에 의하여 옳게 진행될 것이라 믿었다. 이것은 후스에 대한 뮌처의 신뢰감으로 부터 비롯된다. 루터파인 뮌처는 농민전쟁에서 보여진 루터의 부당함을 보고 크게 실망하였고 그에게 보다 더 교회개혁에 이상적으로 여겨진 후스와 후스파와 구체적으로 연관짓고자 프라하에 가서 활동하게 된다. 후스파의 영향으로 임박한 종말을 기대하게 된 것도 이러한 맥락에서 이해될 수 있다. 그러나 뮌처가 후스파에 대해 가졌던 기대는 모두 충족되지 못하였고, 프라하에서의 경험을 바탕으로 독일 비텐베르크에서 종교개혁을 완성시켜야 한다는 생각을 갖고 다시 독일로 돌아온다.

의 길을 택한 것이었다. 그래서 신학수업 초기에 그의 생활은 극히 평범하였다. 그러나 학문의 길을 걸어가던 중에 그는 철저히 자신의 변화를 경험한다. 그리고 그는 열정적인 진리의 탐구자이며 진지한 신학자가 되어갔다. 그의 신학사상은 체코 종교개혁 운동의 선봉자가 되었던 얀 밀리치 크렘지에와 마티아스 본 야노프에 의해 크게 영향 받았다. 또 이탈리아를 중심으로 12세기에 교황권의 권위에 정면으로 도전하고 청빈운동의 선봉이 되었던 왈도파(발덴저)[19] 운동의 영향도 빼 놓을 수 없이 중요하다. 무엇보다도 후스는 또한 영국 옥스퍼드 대학의 철학과 신학교수였던 존 위크리프에게서[20] 큰 영향을 입었다. 위크리프는 14세기경 기존 교회질서에 신랄히 비판을 가하고 철저한 교회개혁을 부르짖은 것으로 알려져 있다. 흔히 후스의 신학 사상은 위크리프의 사상을 단순히 모방한 것으로 보기도 하지만, 위크리프의 신학적 견해가 철학적 사변성에 머물렀다면, 후스는 한발짝 더 앞서간다. 즉 후스는 학문적 세계에만 머무는 신학이 아니라, 실제 생활과 교회에 적용될 수 있는 신학을 아울러서 추구하였다. 이런 점에서 후스는 사고와 행동에서 위크리프를 훨씬 넘어서는 것이었다. 이러한 배경에는 위에 언급했던 체코 종교개혁운동 선봉자들의 정신이 짙게 깔려 있는 것이다.

중세 유럽에서 프라하는 교육, 문화, 사회면에서 유럽의 심장부에

---

19) 왈도파는 1160년경 프랑스의 리용(Lyons)에서 태어난 피터 왈도(Peter Waldo)에서부터 비롯되었던 이탈리아의 개혁운동을 이끌어냈던 신앙인들 이다. 물질적으로 부유했던 왈도는 구원과 청빈의 문제에 관심하였고, 복음서와 이집트의 은둔성자의 영향을 받아 당시 로마 가톨릭 교회의 부패한 모습에 도전하였다. 이들은 박해를 피해서 이태리 북부의 산악 지형을 이용하여 은밀히 예배하면서 청빈과 개혁의 공동체 정신을 계승했고 오늘날에도 창조적 소수로서 그 역할을 감담하고 있다.

20) 홍지훈, "위크리프의 교회개혁", 「신학이해」, 16집, 1998, 153-174. Matthew Spinka 엮음, 『개혁의 주창자들: 위크리프부터 에라스무스까지』, 백충현, 김봉수 역, (서울: 두란노아카데미, 2011), 32-106.

위치하였다.21) 그 한 예로 1388년에 독일 하이델베르그에 지어진 대학에 앞서 이미 1348년에 황제 촬스 4세(카알 4세)가 프라하에 독일어로 가르치는 대학을 세웠다.22) 그 황제의 이름을 따라 그 당시 지어진 다리 카알교가 여전히 그 예술적 아름다움을 뽐내며 찬란했던 당시의 문화유산을 우리에게 보여주고 있다. 이와같은 독일문화, 독일어 지배적인 체코의 당시 상황에서 후스의 종교개혁은 민족운동으로써의 성격도 띄면서 모국어인 체코어를 귀중히 여기며 민족의 얼과 언어를 발전시키는 애국운동을 전개하게 한 것이였다. 1398년부터 후스는 프라하 대학 철학부에서 강의했으며 1400년에 사제서품을 받았고, 1402년에는 프라하 대학의 학장 자리에 올랐다. 또한 1402년부터는 3,000명 가량이 모이기도 했다는 프라하의 베들레헴 성당에서 설교자로 일하였다. 그는 체코의 개혁 전통에 굳건히 서 있는 민족 설교자로서 뛰어난 활약을 하였다. 이와같이 신학적 철학적 이론과 실제적인 교회활동이 후스에게서 조화로이 합일되어졌고, 바로 그것이 그의 장점이기도 하다. 후스는 1409년 프라하 대학총장으로 뽑히게 된다. 그는 성서와 위크리프의 저서들을 체코어로 번역했고, 체코어, 라틴어로 수많은 저작활동을 하였으며, 그 가운데 설교만도 무려 3,000편이 넘는다고 한다. 그의 설교를 듣는 청중의 계층은 단순한 평민들로부터 왕실 귀족, 봉건영주들에 이르기 까지 넓고 다양했다. 신학적, 사회윤리적 요소를 가득 지닌 후스사상의 진지함은 신분의 격차를 떠나서 포괄적으로 많

---

21) 체코슬로바키아 사람들이 가톨릭 신앙을 받아들였던 때는 약 6세기 무렵이었다. 이후 이곳에 새로운 왕조가 성립되던 9세기 후반에 가톨릭교회의 선교와 복음화가 본격화되고, 교회 체제의 기틀이 마련되었다. 프라하는 카알 4세 황제가 독일과 보헤미아의 왕으로 등극했을 때(재위기간 1346-1378) 행정중심지가 되었고, 전성기를 맞게 된다.

22) 후스의 개혁운동이 비롯된 카알 대학의 지리적, 역사적 배경과 후스의 대학개혁에 대해서는 다음의 책을 참고: 이지 오떼르, 『(걸어서 가보는) 프라하 종교개혁 이야기』, 김진아 역, (서울: 한국장로교출판사, 2012), 22ff.

은 청중을 사로잡기에 충분한 것이었다. 이와같은 후스에 대한 좋은 평판과 그가 지니게 되었던 대중적 지지와 호감은 교회지도자들의 시기를 불러일으키게 되었다. 더욱이 결정적인 것은 후스가 루터보다 이미 100년 앞서 힘차고 열성적으로 면죄부 판매에 반대하는 설교를 하고 교회가 저지르는 여러 형태의 위선과 불의에 과감히 저항했다는 사실이다.[23] 바로 이 때부터 후스는 면죄부 판매로 이익을 보던 교황과 왕, 귀족들과 기득권자들에게 철저히 눈에 가시 같은 존재가 되었다.[24] 이에 반해 후스는 점점 더 프라하의 시민과 가난한 계층의 사람들로 부터 열렬히 지지, 환호와 격려를 받았다. 후스는 드디어 프라하에서 모든 교회 활동을 금지하라는 처분을 받게 되었고, 때문에 그 곳을 떠나 남 보헤미아 지역으로 갔다. 그는 인간에게 보다 하나님에게 더 복종해야 된다는 신념을 바탕으로 부패한 교회 지도부에 저항할 뜻을 더 굳히

---

23) 후스의 추종자 가운데에는 매춘행위를 했던 많은 여성들도 있었다. 왜냐하면 후스는 교회의 성적 타락과 위선에 대해서도 비판했기 때문이다. 성적인 순결을 최고의 가치로 여겼던 중세 가톨릭교회의 위선과 타락한 모습은 당시 가톨릭 성직자들과 매춘부들과의 공공연한 관계에서 여실히 드러났다. 예를 들어 가톨릭 주교좌가 있었고, 여러 차례 공의회가 있었던 스위스 바젤 시에서 1432년에는 창녀촌이 공공연하게 허용되었다. 그 계기가 된 것은 1431년부터 1448년까지 바젤에서 열렸던 17차 교회 공의회였다. 500여명의 손님들이 살림도구와 하인들을 거느리고 바젤에 도착하였고, 뒤를 이어 창녀들이 이주하여 오게 되었다. 전해 오는 바에 따르면 1800여명의 창녀들이 이 시기에 바젤에 머문 것으로 알려져 있다. 시의회에서는 이들에게 집을 장만하여 주었고 창녀들의 권리와 의무도 규정되어 있었다. 14세기 부터는 창녀 업주가 소득의 3분의 1을 받을 수 있게 되었다. 그 반면에 업주는 창녀들이 정기적으로 교회에 가게하고 사망시에는 장례를 치루어주어야 했다. 이들은 낮에 거리에 나다니지 못하고 입는 옷도 특정한 규정을 따르도록 되어 있었다. 이것은 비단 바젤시에서만 벌어졌던 일이 아니었다. 중세기에 가톨릭 공의회가 열렸던 도시에서는 이러한 광경을 볼 수 있었다. 16세기에 종교개혁이 시작되자 이러한 모든 상황은 종료되었다. 그러나 그 결과로 매춘업은 없어진 것이 아니라, 음성화되어 버렸다. 20세기에 들어와서 매춘업은 다시 스위스에서 합법화되었다. 참고: *Basler Zeitung*, 22, Okt. 2012, 14.

24) 당시 로마 교황청의 지배를 받던 보헤미아 사람들은 그 지배를 부추기던 독일인 고위 성직자들에 대한 반감이 강하였다. 특히 이들은 보헤미아에서 많은 토지를 소유하고 부를 축적하여 나갔는데, 이것은 자연스럽게 반 독일적 성향으로 발전되었다.

고, 일반 대중의 호응에 크게 힘입어, 제도권 교회 안에서 뿐 아니라, 들판과 광장에서 설교하였다.[25] 이 무렵 후스는 라틴어로 저작활동을 활발히 했고 바로 이 시기에 그의 대작 "교회론(De ecclesia)"이 완성되었다[26]. 이와 비슷한 시기에 교황권의 분열에 직면하여 콘스탄츠에서 교회의 개혁과 일치를 위한 공의회가 열렸다. 후스의 문제, 특히 이미 이단자로 처형된 위크리프와 후스 사상의 연관성에 대한 것도 이 공의회에서 다루어지게 된 중요 관건이었다. 후스의 진정한 친구들은 이 콘스탄츠 공의회가 교회의 일치와 개혁을 위함이라 공식적으로 말하면서도, 그 뒤에 모략과 계략이 숨겨져 있음을 알고 후스에게 닥칠 위험을 예고해 후스가 그 회의로 가는 것을 한사코 말렸다. 그러나 후스는 이런 만류도 뿌리치고 공의회에서 자기 입장을 표명하고자 하는 분명한 의도를 갖고 콘스탄츠에 도착하였다. 순진하게도 그는 교회 지도자들과 신학적 논쟁이 붙을 것을 대비하여, 자신의 신학적 입장을 정리하고 논박할 수 있는 글을 쓰고 철저히 준비했다. 그의 학문적 동지, 또 법조계에 종사하는 친지들, 체코 귀족층의 많은 사람들도 그를 뒷받침해 주었다. 당시 신성로마제국 황제로서 보헤미아의 왕을 겸하고 있던 지기스문트 황제도 그를 옹호하고 신변보장과 언론의 자유를 보장해주겠다는 편지를 내어 주기도 했다.[27] 그러나 후스는 준비해 간 글들 가운

---

25) 후스의 대표적인 설교 가운데 민수기 22:21-35를 근거로 한 "발람과 그의 나귀"에 대한 것이 있다. 이 설교에서 후스는 교회가 발람과 같이 하나님의 뜻에 어긋나고, 당시 교회의 최고 지도자인 교황이 하나님의 뜻을 헤아리지 못할 때, 일반 평신도가 오히려 깨어 일어나 발람과 같이 잘못된 길로 들어서려고 하는 것을 막아 주어야 한다는 것을 강조하면서 평신도 지도력의 중요성을 역설하였던 것이다.

26) Vgl. M.A. Schmidt, "Die Ekklesiologie des Johannes Hus", *Handbuch der Dogmen- und Theologiegeschichte*, hrsg. von C. Andresen, Bd.1., (Göttingen: Vandenhoeck & Ruprecht, 1982).

27) 당시 보헤미아의 고위성직자들이 독일인이었기 때문에 체코의 자주적 민족적인 반감이 같

데 하나도 발표할 기회를 못 가진 채 콘스탄츠에 도착한 후 곧이어 체포되었으며, 그의 고향 동료들의 모든 항의에도 불구하고 아주 악조건 속에서 감옥살이를 하게 된다. 공의회를 주최하던 측에서는 후스가 아무러한 조건없이 자신의 모든 의견을 철회할 것을 요구했다. 후스의 신변안전에 책임을 져 주겠다고 서면으로까지 약속했던 황제 지기스문트는 기회주의적으로 상황에 따라 태도를 돌변하여 추기경들의 눈치를 살피고, 마침내는 처음의 저항적인 태도를 바꾸어 오히려 후스를 처벌하라는 입장에 서게 된다. 대화와 항변의 여지가 후스에게 주어지지 않았다. 더욱이 후스는 그가 쓰지도 않은 글들을 빌미로 간계와 모함 속에 법정에 고소되었고, 이단자로 판결받는다. 그럼에도 불구하고 권력에 눈이 어두운 이 교회 지도자들 앞에서 굴복하지 않고 후스는 하나님의 말씀과 그 진리에 순종하고자 그 모든 고초를 이겨내고 꿋꿋이 버티어 나갔다. 마침내 그는 1415년 7월 6일 콘스탄츠의 화형대에서 이단자로 낙인찍힌 채 죽어갔다. 그에게는 십자가에 달려죽으셨으나 부활하신 예수 그리스도가 진리임을 증언하는 것이 그의 몸을 이 땅에서 안일하게 보존하고 삶을 영위해 가는 것보다 훨씬 중요했다. 후스의 성실한 동료이자, 후스와 같은 맥락에 선 신학자이며 뛰어난 화술가였으며, 또 후스의 의도를 대변하고 도와주려했던 히로니무스 폰 프라하도 같은 이유와 같은 방법으로 같은 장소에서 화형되었다. 지금도 독일의 콘스탄츠에는 두 사람의 이름이 새겨진 큰 바윗돌이 그들이 화형된 장

이 작용하였던 것이다. 인간의 구원이 제도권 교황 권력에 의한 것이 아니라, 하나님의 은총의 사건임을 강조했던 후스는 그의 비판력있는 설교로 인하여 1410년 설교 금지처분을 받았고, 마침내 1413년에는 파문되었다. 후스는 파문 후에도 교회 건물 밖에서의 설교를 멈추지 않았고 일련의 사태가 더욱 악화될 것을 우려한 지기스문트 황제는 신변보장을 전제로 후스로 하여금 콘스탄츠 공의회에 참석하게 만든다. 후스가 콘츠탄츠에 도착한 날은 1414년 11월 3일이고 그곳에서 처형된 날은 1415년 7월 6일이었다.

소에 남아 이 사건을 말없이 증언해 주고 있다.[28)]

3. 얀 후스와 종교개혁자들과의 관계

종교개혁은 하루 아침에 시작되고 완결된 것이 아니라, 오랜 시간을 두고 진행되었으며 단계적으로 발전되었다. 그렇기 때문에 서로 영향을 주고 받으며 종교개혁의 사상도 심화되고 성숙되어갔다. 이와 마찬가지로 후스의 종교개혁적 사상에도 영향을 끼친 많은 신학자들이 있었다. 특별히 보헤미아와 모라비아(뵈멘과 메렌)지역에서도 후스가 등장하기 이전에 얀 밀리치 크렘지예와 마티아스 폰 야노프 같이 종교개혁의 토대를 마련하고 후스에게 상당히 중요한 영향을 끼친 인물들이 있었다. 이 글에서는 그 범위를 좁히고 제한하여 후스가 그 영향을 받은 사람들 중에 위크리프와, 후스가 영향을 준 사람들 중에 루터와의 관계를 간략히 다음과 같이 정리하고자 한다.

(1) 후스와 위크리프

옥스퍼드 대학 교수이자 설교가로서 활약한 존 위크리프 (1324-1384)는 교황의 권위와 기존교회질서에 도전하고 신랄히 비판한 사람 중의 하나로서 종교개혁의 샛별이라 불리운다.[29)] 급진적인 교회의 개혁을

---

28) 콘스탄츠에 후스가 도착해서 체포되기까지 묵었던 장소는 현재 후스 박물관으로 사용되고 있다. http://www.konstanz.de/tourismus/01434/01435/01648/index.html

29) 보헤미아의 왕이자 신성로마제국의 황제가 된 카알 4세의 딸과 영국 왕 리처드 2세와의 결혼은 프라하와 옥스퍼드를 밀접하게 연결하여 주는 계기를 마련했다. 그러한 맥락에서 신학적인 교류도 활발히 이루어졌고 위크리프의 사상이 후스에게도 알려지게 된 것이다. 당

위해 결단력있게 행동한 그는 교리에 대한 견해에 있어서 개혁자들을 앞서갔고, 교황 무오설을 반대하여 교황의 임무를 부정하고 교황을 중심으로 한 교권보다는 그리스도의 몸으로써의 교회 자체의 우선성을 강조하였다. 그는 역사적으로 성장한 교회가 참된 그리스도의 교회와 동일시 될 수 없다고 보았으며, 참 교회란 불가시적 교회인데(ecclesia invisibilis), 거기에 누가 속할지는 하나님만이 아신다고 보았다. 중세적 의미에서 실재론의 전통에 속한 사상을 지닌 위크리프는 전통적인 화체설(Transsubstantiationslehre)을 비판적으로 생각하고, 상기설(die Remanenz Hypothese)을 주장하였다. 그에 의하면 성만찬의 요소들은 그 본질상 빵과 포도주로 남아, "물리적으로(physisch)" 변화되지 않으며, 예수 그리스도의 살과 피는 "형이상학적(metaphysisch)"으로 이해될 수 있다. 오로지 성서의 권위만을 인정하고, 가시적 교회의 개혁을 위한 설교에 열심을 냈던 위크리프는 그가 죽은 후 30년이 지난 1415년 콘스탄츠 공의회에서 정죄되어, 그의 저서는 금서처분을 받고 불태워졌으며 그의 무덤은 파헤쳐지고 뼈는 불사루어 강에 던져졌다. 이와같이 이미 이단으로 교회에서 정죄받고, 그 서적이 금서처분당한 위크리프의 사상을 옹호한다는 것이 후스에게 당시 교회정치상황에서 도움이 될 리가 없었음에도 불구하고 후스는 위크리프 사상을 계승했음을 감추지 않았다. 위크리프는 철학적, 형이상학적 관점에 기초를 두고 사고했던 학자였고, 그러한 시점에서 교회를 바라다 보았다. 그에 비해 후스는 신학적 바탕에서 그의 이론을 정립하여 나갔다. 때문에 위크리프는 학문적으로 신학하는 과정을 통하여 교회에 대한 비판을 전개한

시 위크리프는 옥스퍼드에서 가르치고 있었는데, 교권을 중심으로한 교황청제도를 비판하였고, 성서의 권위만을 인정하였다. 그리고 교회와 수도원이 재산을 증식하고, 부를 축적하는 것을 문제시하였고, 교회가 가난구제에 더욱 힘쓸 것을 촉구하였다.

반면, 후스의 교회비판은 실천적 신학의 과정 속에서 생겨난 실질적인 것이었다. 그러한 실질적, 실천적 토대위에 서서 후스는 학문적으로 신학화하는 작업을 이루어냈다.

위크리프의 이론은 당시 신학자들 사이에 지속적으로 논의되던 관심거리와 주제가 되었는데[30] 특히 유명론을 따르던 독일의 많은 신학자들은 위크리프의 사상에 반대하고 나섰다. 이에 반해 후스는 모든 점에서 일치할 수는 없었으나[31], 위크리프의 사상을 이어받아 체코의 교회개혁을 추진했고, 이론을 정립하여 나아갔다. 특히 참 교회와 거짓 교회를 구분하는 교회론의 전개에 있어서 교회가 부를 축적하는 것에 대한 문제성을 지적한 위크리프의 비판을 후스는 많이 참고하였고, 이러한 맥락에서 위크리프 사상과 체코 종교개혁의 연속성을 말하였다. 또한 유명론이 아니라, 실재론의 전통에 서 있는 것도 위크리프와 후스를 연결하는 중요한 요인이 되었다. 그렇다고해서 후스를 위크리프의 단순한 추종자라고 볼 수는 없고, 후스는 앞서 말한 얀 밀리치 크렘지에나 마티아스 폰 야노프 같은 체코 종교개혁 선구자들의 영향을 이미 크게 받고 있었고 이러한 체코의 민족적 상황 속에서 위크리프의 사상을 수용하고 발전시킨 것이다.

---

30) 앞에서 언급한 영국왕 리처드 2세와 보헤미아 공주의 혼인은 양국간의 관계를 돈독히 해주었다. 이러한 양국간의 교류속에 영국으로 유학한 보헤미아인들에 의하여 위크리프의 책은 보헤미아에 널리 소개되었다. 보헤미아인과 독일인으로 분열되어있던 프라하의 대학에서 위크리프 사상에 대한 논의가 활발히 전개되었는데, 보헤미아인들이 위크리프의 사상을 옹호했던 반면, 독일학자들은 이에 대해 비판적 견해를 취했다.

31) 그 한 예로 성만찬론에서 위크리프가 화체설을 반대했던 반면, 후스는 로마 가톨릭에서 주장하던 화체설을 인정하였다. 후스를 따르는 후스파는 이 화체설을 부인했는데, 후스자신도 말년에 자신의 생각을 재정립하고 예수 그리스도의 몸과 피를 상징하는 떡과 포도주가 (sub utraque) 성만찬시 평신도에게 모두 분병되어야 함을 주장했다.

(2) 후스와 루터

루터가 후스에게 관심을 기울이게 된 것은 자발적이라기 보다는 외압적 요인이 크게 작용하였다고 보아야 할 것이다. 옛 스콜라철학 체계가 옹호되어지고 있던 독일의 라이프치히에서 1519년에 루터파의 입장을 따르는 칼슈타트(Karlstadt)라고 불리는 안드레아스 보덴슈타인(Andreas Bodenstein)과 로마 가톨릭의 입장을 대변하는 요한 에크(Johann Eck)사이에 그 유명한 라이프치히 논쟁이 벌어졌고 루터도 이에 관여하게 된다. 이것은 1517년 루터가 면죄부에 반대하는 95개 조항을 내놓은 지 2년이 지난 후였다. 에크는 처음부터 루터를 곤경에 빠뜨리고자 하였기 때문에 이미 이단으로 처형당한 후스와 루터를 연관지으면서 공격했다. 에크는 루터자신보다 먼저 그리고 예리하게 교회를 비판하고 개혁하려는 후스와 루터의 신학적 연관성을 파악해 낸 사람이었다. 에크 뿐 아니라 요한 테첼(Johann Tetzel), 실베스터 프리에리아스(Sylvester Prierias)가 이러한 입장에서 루터를 비판했다. 이단으로 화형된 사람과 자신을 동일시하는 비판에 당황한 루터는 자신의 입장을 변호하고 공격하기 위하여 그때부터 본격적으로 후스에 대해 연구한다. 라이프치히 논쟁에 참여했던 몇몇의 보헤미아인들은 루터의 입장을 지켜보며 연대감을 느끼게 되어, 이들은 루터와 가깝게 지내려했고 후스의 중요한 신학저서인 "교회론(De ecclesia)"을 루터에게 보내준다. 후스파의 이러한 접근에 대해 루터는 처음에 상당히 주저했지만, 후스의 교회론과 콘스탄츠공의회 문서들을 다시 꼼꼼히 검토하고 나서 루터는 자신의 생각과 놀라우리만치 유사한 많은 점들을 후스에게서 발견한다. 때문에 루터는 태도를 바꾸어 그를 후스와 연결지으려는 에크와 비판자들의 비난을 거부하지 않고 오히려 담담히 후스와의 관련성을 인정하고, 후스의 입장을 변호하고 나서게 된다. "얀 후스나 보헤미아 인들의 조항들 중에는 일반교회들이 비난할 수 없는 순수한 그리스도교적이고 복음적인 것이 많다."[32] 심지어 그는 1520년 봄 그의 친구 스팔라틴에게 보낸 한 편지에서 다음과 같이 고백한다. "나는 지금까지 알지 못하고, 모두 후스의 것을 가르치고 전하였네…간단히 말해 우리 모두는 알지 못했지만 후스파일세. 심지어 바울과 어거스틴도 내용적으로는 후스파이네. 우리가 보헤미아태생의 이러한 지도자이자 스승 없이 어디로 가게 되었는가를 보기바라네. 이미 100여년 전에 공개적으로 타버린 아주 명백한 복음적 진리가 저주받을 것으로 간주되고 또 그것을 고백해서도 않된다고 강요하는 인간에 대한 하나님의 무서운 심판을 거기에서 보게 되므로 나는 경악스러움을 감추지 못하고 무엇을 생각해야 될지도 모르겠다네. 이 나라에 화있을진저!"[33] 루터가 후스의 교회론을 읽고 이렇게 연대감을 가졌다는 것은 자연스런 결과일 것이다. "예정된 자의 공동체(universitas praedestinatorum)"로써 교회를 이해하는 것은 어거스틴, 위크리프, 후스 그리고 루터가 갖는 공통점이기도 하다. 루터는 특히 교회의 개념으로 후스에게서 사용된 "영적 회중(congregatio spiritualis)"이란 용어를 자신의 "거룩한 공동체(communio sanctorum)"란 개념과 같은 맥락에서 사용한다.[34] 이듬해인 1521년에는 앞에 제시한 것보다 더 강한 어조로 루터는 자신이 후스파와 연대하고 있음을 공공연히 표현하였다. "내가 라이프치히에서 말한 것 중에,…후스의 몇몇 글들이 그리스도교적이고 복음적이라고 한 것은 매

---

32) Luther 1519 WA 2, 279. 클라우스 에버트, 『토마스 뮌처』, 오희천 역, (천안: 한국신학연구소, 1994), 85에서 재인용.

33) Luther, WBr 2, Nr. 254, 22-29. zit. nach B. Lohse, "Luther und Huss": *Luther. Zeitschrift der Luther-Gesellschaft*, 36. Jg., 1965, 117.

34) Vgl. B. Lohse, a. a. O., 117.

우 잘못된 것이었어. 고로 나는 이제 말하거니와 몇몇의 글들만이 아니라, 콘스탄츠에서 정죄당한 후스의 모든 글들이 그리스도교적인 것이네. 또한 교황은 그의 측근과 더불어 콘스탄츠 공의회에서 후스와 성스러운 복음을 비난했고 후스의 사상대신 지옥의 악마의 이론을 대치함으로써 반그리스도교적으로 행하였다고 보네. 그래서 나는 내가 어디에 있어야 하든지간에, 하나님의 도움으로 이를 증명하고 보존할 책임을 지닐 뿐이네."[35] 루터는 이처럼 공의회의 부당함과 교황과 그 주변 교회 지도자들의 오류를 신랄하게 지적하였다. 정리해서 요약해보면 루터는 후스와 후스파에 대한 그의 태도를 볼 때 하나의 변화과정을 겪었다고 하겠다. 즉 처음에는 막연하게 일반적 선입견을 갖고서 내용도 검토하지 않은 채 후스를 무시하고 비난했던 것에서, 후스의 몇몇 문서를 인정했던 단계를 거쳐, 전적으로 후스의 모든 사상을 신뢰하고 따르게 되었던 것이다.[36] 루터는 후스에게서 교회가 개혁해 나갈 방향을 배우게 되고 이것이 단순한 교회의 외부적 개혁만이 아니라, 그리스도 중심적이며 복음적 교회가 되어야 한다는 것을 새롭게 깨달았으며 이미 100여 년 전 후스가 그가 하려던 종교개혁을 시행하였음을 인정하고 놀라와 했다. 때문에 후스는 루터에게 직접적 영향을 준 종교개혁의 선구자로 볼 수 있다.[37]

전체적 윤곽을 검토해 볼 때 후스가 복음서에 나타난 예수 자체, 특히 산상수훈에 더욱 가치를 두었다고 한다면, 루터는 바울이 선포하고

---

35) M. Luther, W 7, 431, 23-30. zit. nach B. Lohse, a. a. O., 118.

36) 심지어 루터는 보헤미아 동포단의 공식교재로 사용된 1535년의 보헤미아 고백신조(Die Confessio fidei ac religionis baronum ac nobilium regni Bohemiae)를 그의 서문과 함께 1538년 발간 하였다. Vgl. B. Lohse, a. a. O., 121.

37) Albrecht Ritschl, Alfred Krauss, Reinhold Seeberg 같은 교회사가들은 루터 뿐만 아니라, 츠빙글리도 후스의 사상에 연관되어 있음을 주장한다. Vgl. W. Delius, a. a. O., 23.

이해한 예수의 모습에 관심을 기울였다. 또한 죄에 대한 이해도 두 사람 간에 차이를 드러낸다. 후스에게서 죄란 사회윤리적 측면이 강한 것으로써, 이웃에게 피해를 가져오는 공동체적 연결고리 가운데에 있는 죄를 더 강조한다. 이에 비해 루터에게서 죄란 은혜로운 하나님과의 관계 속에 각 개인의 죄를 뜻한다. 루터에게는 처음부터 어떻게 죄된 인간이 거룩한 하나님 앞에 설 수 있는가, 하나님 앞에서 의로운 존재가 될 수 있는가 하는 지극히 개인주의적인 그리스도교 신앙의 문제가 관심사였다. 이에 대한 대답을 그는 단계적으로 추구하여 나갔다. 이렇게 그의 신학적 인식이 성숙하여갔고 실제적이고 신학적인 문제들에 관련해서 그의 입장을 정립하여 나갔다. 루터는 개인의 내면적인 신앙의 문제로부터 종교개혁가가 되었다고 한다면, 후스는 철저히 실제적인 것과 공동체성으로부터 출발한다. 그는 사회적인 개선과 공동체의 개혁의 가능성의 여지가 있다고 생각되는 것들을 고쳐나가는데 처음부터 주력하였다. 이와같이 후스의 개혁사상은 철저하게 사변을 배격한 채 성숙되었기 때문에 더욱 역동성을 지녔다고 볼 수 있고, 학문적 요청을 위한 상아탑에 갇힌 신학이 아니라, 교회와 사람을 위한 생동적이며 실천적인 신학을 잉태하였다고 보겠다.

3) 얀 후스의 신학사상

후스의 삶은 진리를 탐구하고 이해하고 수호하고자 하는 열의로 가득했었다. 그가 화형되기 전 저술한 글 가운데 다음과 같은 유명한 말이 전해진다. "신실한 그리스도교인이여, 진리를 찾으라, 진리를 들으라, 진리를 배우라, 진리를 사랑하라, 진리를 말하라, 진리를 지키라, 죽기까지 진리를 수호하라. 그것은 진리가 너를 죄와, 악마와 영혼의 죽음과 마침내 영원한 죽음으로부터 자유롭게 하기 때문이다."[38] 사람이 말과 행동을 일치시키는 삶을 꾸려나가는 것은 그리 쉽지 않은 일이다. 그렇기 때문에 그러한 삶을 살아간 사람들의 모습에는 진한 감동이 묻어 나온다. 바로 후스에게서 그런 감동을 느낄 수 있는데, 위에 언급한 후스자신의 말처럼 그는 진리를 수호하고자 죽음조차도 담담히 감당하였기 때문이다. 언행일치, 신행일치적 삶의 모범을 그에게서 찾아볼 수 있다.

그럼 그는 진리를 어떻게 이해했단 말인가? 그의 신학사상을 다음과 같이 간단히 요약해 보고자 한다[39].

❶ 후스에게 있어 진리의 문제란 하나님이 실재 존재한다는 것을 전제로 하는 중세기 실재론의 전통에서 부터 파악 될 수 있다. 그러나 이 진리의 문제는 후스에게서 인식론적 물음이 아니라 오히려 실천적 실제와 윤리적 차원에서, 즉 전적인 존재의 문제로써 고려되어진 것이다. 진리란 참된 실재성으로써 인간에게 궁극적 의미를 부여하며, 종말론적 차원을 지니는 것이다. 그가 죽기까지 봉사했던 그 진리란 바로 하나님의 진리이며, 즉 그것은 성서를 통해 우리에게 증언된 예수 그리스도의 진리이다. 때문에 이것은 희랍철학이 추구하는 진리의 의미인 "알레테이아(Aletheia)"라기 보다 구약성서로부터 증언된 하나님과 인간사이의 사랑의 계약가운데 있는 진리를 의미하는 "에메트(Emeth)"에 더 가깝다.

❷ 후스에게 있어 진리의 문제란 신학적으로 무엇보다 중요했다. 진리

38) J. Hus, "Auslegung des Glaubens", zit. nach R. Riemeck, *Jan Hus. Reformation 100 Jahre vor Luther,5.*

39) Vgl. J.M. Lochman, "Vom Versuch, in der Wahrheit zu leben: Der Fall des Jan Hus (ca. 1370-1415)", *Gegenentwürfe. Festschrift zum 60. Geburtstag von H. Küng*, hrsg. von H. Häring(et.al.), (München: Piper, 1988).

를 추구하는 것은 후스에게 있어서 이론화작업에 그치는 것이 아니라 오히려 그 실제적 적용이 문제되고 더 중요했던 것이다. 그에게 있어 이 진리에 대해 안다는 것과 이 진리에 따라 산다는 것은 분리될 수 없이 하나로 묶여진 것이었다. 이 성서적 진리가 그의 신학과 교회활동의 중심에 서 있으며 그 때문에 하나님 말씀에 봉사로써의 말씀 선포의 직무에 후스는 그와같은 열과 성의를 다 하였던 것이었다. 바로 이같이 유일한 진리로써 하나님 말씀을 증언하는 성서가 후스에게 중요했기 때문에, 그에게는 교회적, 정치적, 세속적 권위가 두렵지 않았던 것이었다. 이 성서적 권위의 중심에는 오로지 예수 그리스도 한 분만이 계시며, 예수 그리스도 만이 교회의 참된 머리이다. 바로 이 예수 그리스도가 가난한 자의 구원자이며 임금이시므로, 후스 자신도 당시의 가난한 자와 억압당하는 자들을 위하여 그의 윤리적인 모든 실천과 노력을 기울였던 것이다.

❸ 이와같이 교황이나 교권이 아니라, 예수 그리스도를 교회의 핵심으로 본 후스는 진리추구의 여정에서 그의 교회론을 전개시켜 갔고, 제도화된 교권주의에 도전하여 근본적인 개혁을 부르짖었다. 로마 가톨릭 교회에서는 최초의 로마의 감독인 베드로가 교회 최고의 권위자로 군림한다. 이에 대하여 문제를 제기하고 교회론을 전개한 후스는 예수가 교회의 초석이며 머리가 됨을 강조하는 것이다. 후스에게 있어서 이 지상의 교회는 끊임없는 개혁의 대상이지 완전하고 이상적 형태일 수 없었다.

❹ 후스의 종교개혁은 그리스도교인의 사회적 책임과 관련된 것이었으며 "아래로부터의" 개혁이었다. 그것은 공동체 안에서 함께 사는 이웃에 대한 관심과 사랑으로 표출된다. 그래서 그는 그칠 줄 모르고 열정을 갖고서 가난한 사람을 위한 예수 그리스도의 복음을 선포

하였다. 후스에게 있어서 진리추구의 노력이란 바로 이와같이 억압당하고 주변으로 내몰려서 어려운 처지에 있는 이웃을 향한 사회적 책임으로 이어지는 것이었다. 이와같은 후스의 사상을 이어받은 사람들은 혁명적 투쟁(1419-1437)[40]으로까지 그들의 신념을 수호하고자 했던 것이다. 예수 그리스도와 신비적 합일에 이르게 하는 성만찬에 평신도들을 주체적으로 참여케 하는 것이 또한 후스와 그의 사상을 이어받은 사람들의 기본적 입장이었다. 이것은 잘못된 거짓 성직자의 권위, 로마교황의 일방적 권력에 대한 절대적 도전이었다.

---

40) 이 투쟁은 흔히 후스파 전쟁이라 불리운다. 1415년 7월 6일에 그가 산 채로 화형당하게 되자, 민족주의적 자주 독립과 교회개혁을 열망하던 후스의 정신을 따르던 보헤미아인들이 후스파 운동을 본격적으로 일으키게 되었다. 후스 사후의 후스파 운동은 개혁정신의 내용과 사회적 계층 간의 차이들로 인하여 여러 그룹으로 나누어져 있었기 때문에 순조롭게 진행되지 못했다. 얼마 후 후스파 운동은 크게 두 그룹 즉 이종배찬파(Utraquists, 혹은 Kalisnice)와 타보르파(Taborites)로 분리되어 독립적으로 전개되었다. 성만찬 시에 일반신자도 빵 뿐 아니라 포도주를 다 받아야 한다는 주장 때문에 붙여진 이 이종배찬파는 그 성향이 온건하고 중도개량적이며 지식인과 귀족정치적 정당에 속했다. 타보르파는 농민과 서민층을 중심으로 보헤미아의 남동쪽 타보르(Tabor) 산악지역을 근거지로 형성되었으며, 급진적 성향을 지녔다. 그리고 이종배찬파의 타협과 타보르파의 몰락 이후 후스파 운동은 제3의 그룹인 보헤미아 형제단/동포단(Bohemian Brethren 혹은 Moravian Brethren이 모임에는 여성도 포함되어 있기 때문에 필자는 동포단으로 주로 번역)으로 계승되었다.
급진파에 속한 사제 젤리프스키는 1419년 7월 프라하에서 후스파 시위를 지휘하였고, 시청을 습격해서 의원과 성직자들을 창 밖으로 내던진 사건이 있었다. 이 사건으로 충격받고 사망한 국왕 바츨라프 3세의 뒤를 이어 왕위에 오른 지기스문트는 보헤미아 사람들의 지지를 받지 못하였고, 오히려 교황 마르티노 5세의 비호를 받는다. 이 교황의 칙서를 받은 지기스문트는 1420년 7월 후스파를 무력으로 진압하기 위하여 십자군을 출동시켰으나 패배한다. 이후 얀 지슈카(Jan Žižka 1360-1424)를 비롯한 영웅들이 이끈 후스파는 십자군을 계속 물리치고 그 세력을 확장하였다. 그러나 평신도의 성배를 인정해 준다는 1433년 바젤 공의회(공의회 장소는 바젤 뮌스터 교회의 부속 건물 2층의 니콜라우스 예베처)의 결정으로 후스파의 온건한 지도자들이 타협적 태도를 취함으로써 후스파 내부의 분열을 조장하게 만들었다. 양성성체론자인 우트라키스트파는 무력으로 급진적 혁명을 도모하는 타보르파와 의견을 달리하며 바젤 교회 공의회의 결정을 받아들이고 가톨릭 교회와 타협하였다. 이에 맞서던 타보르파는 1434년 대패하였고, 마침내 1436년 바젤 공의회에서 우트라키스트파와 교회 사이에 평화조약이 맺어지고, 이들의 주장이 거의 받아들여지게 되었다.

이와같이 사제뿐 아니라 평신도들도 그리스도의 피인 포도주를 마실 권리가 있음을 명백히 천명하고 실제로 성만찬시 모두가 그 잔을 나누었던 후스파 사람들은 후스의 불의에 의한 죽음이후 가톨릭교도들과의 투쟁에서 자신들의 상징으로 그들의 깃발에 포도주 잔의 모양을 그려넣었다.

❻ 그는 종말론적 희망속에 참된 교회의 모습을 이 땅위에 실현시켜 보고자 노력하였다. 그의 진리이해에 있어서 기본적 바탕을 이루는 것은 종말론적 희망이다. 이것은 하나님 왕국의 도래함에 대한 신앙일 뿐더러, 그 나라가 바로 우리 가운데 임하셨음에 대한 믿음이다. 바로 이같은 종말론적 이해가 체코 종교개혁 전통의 본질적 요소이다. 이 종말론적 희망은 "새 하늘과 새 땅"(계 21)에 대한 비젼을 우리에게 제시하면서, 현실세계의 구조와 모순과 문제점을 해결하고 고쳐 나가도록 역동적 힘을 우리에게 부여한다. 이러한 종말론적 희망은 미래에 대한 환상이나, 내세로의 안일한 영적 도피가 아니라, 구체적으로 우리가 살아가고 있는 "지금 여기"에서 우리로 하여금 모든 죄악과 불의와 투쟁하게 하는 근원적 힘이 된다.

❼ 후스의 신학적 노력 중 빼 놓을 수 없는 것이 민족간의 평화를 위한 것이다[41]. 그는 단순한 평화주의자가 아니었다. 그러나 그는 그리스도교 역사상 그리스도교의 이름으로 저질러진 씻지못할 많은 죄악 가운데 하나인 십자군 전쟁과 그 전쟁비용 충당을 위한 면죄부 판매의 비리를 일찍이 지적하였고, 오히려 민족간의 평화를 위해 그의 모든 노력을 아끼지 않았다. 평화를 위한 노력만이 교회가 늘 자각하고 감당해야 될 과제임을 그는 깊이 인식했다. 이 평화는 궁극적으

---

41) Vgl. A. Molnar, "Das Friedensbestreben Hussens", *Christliche Friedenskonferenz*, Nr. 16, Prag 1965.

로 예수 그리스도로부터 오고 완성되는 것이다. 그것은 결코 불의와 부정의의 구조속에서라도 시끄러움이 없는 외적으로 고요하고 평온한 상태를 말하지는 않는다. 교회는 예수 그리스도의 평화의 복음을 선포해야 될 뿐더러, 화해의 사자로서 갈갈이 찢기워진 이 세계에서 화해의 사명을 감당해야 한다. 평화에 대한 이러한 후스의 생각은 그가 콘스탄츠 공의회를 위해 준비했으되 끝내 발표할 기회조차 갖지 못했던 그의 "평화에 대한 연설"이란 글에 잘 나타나는데, 특히 후스는 평화를 하나님과 나, 나 자신과 나, 나 자신과 이웃과의 세 가지 측면에서 잘 설명하고 있다. 바로 이와같은 복음에 대한 믿음과 확신에서 후스 자신은 화형대의 연기로 사라져 갔던 것이다. 그의 사상을 계승하고 체코 종교개혁을 체계화 시키기도 한 얀 아모스 코메니우스는 17세기 유럽의 제국주의, 팽창주의에 직면해 해상전쟁을 통한 유럽인들의 지배권 다툼에 신랄히 비판을 가하였고, 수탈당하고 착취당하는 비 유럽민족들 편에 서서 평화의 복음을 전하려 했던 것도 우리는 주목해 볼 필요가 있다.

3) 얀 후스, 그 이후

1415년 후스가 부당하게 처형된 이후 후스의 추종자들은 1419년부터 1437년 까지 소위 "후스파 전쟁"으로 까지 불리우는 항쟁을 일으켰다. 이들은 이들의 상징인 "평신도의 성배"를 그려넣은 깃발을 앞세우고, 후스에게 한 치외법권적 약속을 어긴 합스부르크의 황제이자 보헤미아의 왕인 지기스문트(Sigismund)와 로마교회를 상대로 교회의 개혁과 보헤미아의 독립을 위하여 투쟁하였다. 후스파 운동은 이렇게해서 크게 두 그룹으로 나누어지는데[42] 한 그룹은 온건한 성격을 지닌 양형론자들(Utraquisten)[43]로서 성찬 때 평신도들도 빵뿐 아니라 포도주도 받아 마실 수 있다고(Utraque forma) 주장한 사람들이다. 이들의 주장은 "네개의 프라하 헌장"에 잘 정리되어있다.[44] 곧 ① 하나님 말씀의 자유로운 선포권, ② 두가지 종류의 성찬, 즉 평신도들의 성배, ③ 사제들의 청빈과 교회재산의 환속, ④ 성직매매를 포함한 공적 범죄 처벌이 그 내용이다.[45] 또 다른 그룹은 보헤미아의 도시 타보르(Tabor)의 이름을 딴 것으로써 타보르파(Taboriten)라 불리는데 과격하고 급진적 성격을 지녔다.[46] 이들은 하나님 나라에 대한 임박한 기대감을 갖고 공동생산과 분배를 통한 공동체 생활을 도모했다.

지기스문트나 로마교회 모두 이 운동의 발전을 저지할 수 없었고,

---

42) 참고: 각주) 40, 38쪽

43) 이들은 포도주를 담은 성배(chalice)를 중요시 하였기 때문에 다른 이름으로 성배주의자, (Callixtinism) 이종배찬파 혹은 양종주의자라고 불리웠다.

44) 이것은 1420년 우트라키스트파의 지도자인 얀 로키차나(Jan Rokycana, 1379-1471)에 의하여 주장된 내용이다.

45) 후스가 성직매매를 비판한 문서(1413)는 다음을 참고: Matthew Spinka 엮음,「개혁의 주창자들: 위크리프부터 에라스무스까지」, 백충현, 김봉수 역, (서울: 두란노아카데미, 2011), 222-312.

46) 이들은 네 개의 프라하의 헌장을 제시하고, 가톨릭교회와 교섭하려는 것에 반대하였고, 교회조직을 거부한 상태에서 엄격한 규율에 의한 재산과 소유공동체를 형성하여 무력으로 하나님 나라를 건설할 것을 지향하였다. 온건한 양성성찬론자들과 이들은 접근 방법과 최종목표가 달랐지만, 가톨릭과 독일적 지배에 대한 거부에 있어서는 양쪽 모두 뜻을 같이 하였다. 온건파 후스주의자들은 가톨릭과의 협상을 지향했고, 급진적 타보르파는 지속적인 투쟁을 원함으로써 후스파 내부에서도 분열이 있다가, 가톨릭 세력의 지원을 받은 온건파가 무력전에서 승리하였다. 이후 1436년 바젤 공의회의 대표들과 후스파 대표들이 이흘라바(Jihlava)에서 이흘라바 협약을 체결함으로써 후스파전쟁은 일단락 되었다. 이 협약에서는 후스주의 교회와 가톨릭 교회 두가지 모두를 인정하여 사람들이 선택할 수 있게 하였으나, 후에 교황의 협약 승인 거부로 분쟁이 완전히 종식되지는 못하였다. 김장수,『(주제로 들여다 본) 체코의 역사: 후스의 종교개혁부터 벨벳혁명까지』, (파주 : 이담 Books, 2013), 27. 참고: 각주) 40

이들은 나름대로 의지를 관철시켜서 평신도의 성배와 그들 자신의 교회 설립을 인정받게 되었다. 내부적인 갈등을 겪은 뒤에 이 두 그룹의 성격을 포괄하는 모임이 1457년에 생겨나게 되었는데 이것이 동포애를 바탕으로 개신교신앙을 고백하는 "보헤미아 동포단(Unitas Fratrum, Böhmische Brüderunität)"[47]의 기원이 된다. 유럽각지로 퍼져나간 이들은 경건주의 운동에 중요한 토대를 마련하였으며[48], 이들에 의해 전인 교육을 통한 인류평화에 기여하는 근대적 의미의 평화를 지향하는 교육체계가 세워지게 되었다. 또한 보헤미아의 한 지명이름을 따서 모라비아 교회라 불리우는 이들 중 일부는 여러 대륙에서 복음을 전하는 일에 앞장 선 일군들이 되기도 했다.[49]

---

47) 후스파의 지도자 가운데 가장 중요한 인물 중 페트르 헬치츠키(Petr Chelčický 1390?-1460)가 있다. 그는 이 시기 체코 문학의 거장으로 불릴 만큼 중요한 글을 많이 남겼으며, 급진적이고 무정부주의적 평화사상을 펼쳐 나갔다. 그의 사상을 기초로하여 보헤미아 동포단(Unitas Fratrum)이 비롯되었다. 이 동포단은 모라비아 교회로 발전되게 된 것이다. 헬치츠키에 대해서는 남병두, "Petr Chelčický: 그의 시대와 사상", 『복음과 실천』, 48집, 가을 2011, 213-240.

48) 독일 경건주의의 흐름은 다양하게 발전되어 왔기 때문에 한마디로 단정 짓거나 일방적으로 평가하기 힘들다. 흔히 독일 경건주의가 사회문제에 등한시 하는 정적주의(Quietismus)를 지향한 것으로 생각하기 쉬우나, 그것은 독일 경건주의에 대한 몰이해에서 비롯된 것이다. 독일 경건주의는 개인의 신앙적 정화 운동을 통하여 사회적 정화를 추구하고자 하였다. 이 경건주의 운동의 여파로 각성운동이 일어났고, 19세기에 들어와서는 소위 디아코니아 운동이라고 할 수 있는 국내 선교와 다른 나라에 복음을 전하는 해외 선교가 다양한 형태로 발전되었다. 신앙적 경건성을 국내외의 사회선교와 접목했던 대표적인 인물로는 크리스티안 프리드리히 스피틀러 (Christian Friedrich Spittler 1782-1867), 요한 힌리히 비허른(Johann Hinrich Wichern 1808-1881)을 들 수 있겠다.

49) 헤른후트 동포단(Herrnhuter Brüdergemeine)의 명칭에는 여러 가지가 있다. 연합 형제단(Brüderunität), 개신교 연합 형제단(Evangelische Brüder-Unität), 형제단(Brüdergemeine), 그리고 영어로는 모라비아 교회(Moaravian Church)라고도 불리운다. 헤른후트 형제단의 근원은 보헤미아 형제단(die Böhmischen Brüder)이다. 이 형제단은 "일치와 연합의 기본(Grund der Unität)" 이라고 하는 교회질서(Kirchenordnung)와 교회체제 가운데 개인적인 경건성의 실천, 형제, 자매의식으로써의 교회구성, 그리고 사회와 이웃을 향한 봉사를 강조한다. 이들에게는 복음이 주는 자유함에서의 자발성과 신뢰성이 중

4. 나오는 말

우리는 흔히 서구신학을 극복해야 된다는 말을 자주 사용한다. 그럼 그것은 지금까지의 그리스도교 전통을 모두 무시하고 완전히 새로운 것을 추구해야 된다는 말인가? 필자는 서구신학의 문제성을 극복하기 위해서는 서구신학전통과의 끊임없는 대화가 필요하다고 본다. 옛것으로부터의 일방적 단절이 극복의 방법이 아니라, 새로운 것을 찾기 위

요하며, 교파간의 특성을 인정하는 통일성 속에 다양성을 가진 유럽에서 교회 속의 교회라 할 수 있다. 예를 들어 독일어권 유럽인 독일과 스위스에서 이들은 모두 국가 교회에 속해있으면서도 헤른후트 동포단 (Die Brüdergemeine)의 일원으로 이중으로 소속되어 있다. 이들은 예수를 구주로 고백하는 것 외에 별다른 고백문을 갖고 있는 것은 없으며, 공동체의 생활을 가장 중요시 한다. 신앙 공동체 생활의 전통을 이어가는 가운데 이들은 매일 성경 말씀을 읽고, 그 날에 해당된 말씀 속에서 삶의 의미를 찾아간다. 이러한 말씀 묵상집으로 하루를 열어가는 것은 유럽의 모라비아 교도들에게는 아주 보편적인 모습이며, 이것은 모라비아 교도들 뿐 아니라, 그리스도교인들에게 널리 자리매김 되어진 신앙생활의 일상적 현상이다.

현재 전 세계적인 분포도를 볼 때 모라비아 교회의 약 80%가 아프리카와 카리브해 지역에 분포되어 있다. 세계적 선교의 비젼을 일찍이 품고 이들은 선교를 시작하였다. 이들의 선교 방식은 제국주의적이거나 정복주의적, 혹은 교권을 과시하는 형식적 선교가 아니라, 인간적으로 주체와 주체의 만남을 강조하며, 각 지역의 문화적, 종교적 전통을 중시하면서 복음의 토착화에 힘썼던 특별한 선교 방법을 일찍이 적용하였다. 이들은 역사적으로 흑인 노예해방을 위하여 가장 먼저 애썼던 그리스도교인들이기도 했다. 이들의 선교는 하나님 앞에서의 인간의 평등을 말하고 철저하게 소외된 자와 사회적 약자를 돌보는 것을 그 특징으로 하고 있기 때문이다. 현재 양적으로 가장 큰 모라비아 교회는 아프리카의 탄자니아에 있다. 이들은 독립된 교회를 세우는 것을 목표로 하지 않기 때문에 양적 교세 확장에 힘쓰지 않는다. 기존교단과 교회 안에 편입됨으로써 교회 공동체 안에서 효소와 같은 역할을 하는 것이다. 그리고 교단간 교파간의 연합정신을 중요시 하면서, 각양 각색의 사회적 섬김과 봉사(디아코니아)가 필요한 곳에서 은은한 빛과 향기를 발휘한다.

이들의 총 본부는 독일의 두 도시 헤른후트와 밧 볼(Bad Boll)에 위치해 있고 각각 역사박물관도 갖고 있다. 또한 유럽 내에서는 대림절 기간에 어두움을 밝혀주는 그리스도의 빛을 상징하는 "헤른후트 별(Herrnhuter Sterne)"이 가장 인기있는 그리스도교 문화의 품목으로 확산되었는데, 바로 이 별이 유래한 곳도 이 헤른후트의 동포단이며 오늘날도 이 전통을 이어나가면서 이 헤른후트 동포단에 의하여 제작, 보급, 판매되고 있다. 헤른후트 공동체에 대해서는 다음의 웹사이트 참고: ⦿ http://www.herrnhuter.ch/herrnhuter.html
⦿ http://www.bruedergemeine-herrnhut.de ⦿ http://www.ebu.de

해 오히려 옛 것을 알아가는, 즉 전통과의 연속성 속에서 비연속성을 찾는 것이 진정한 극복이 아닐까? 그러기 위해서는 우리나라의 고유한 사상에 대한 검토도 중요하지만, 서구 신학 전통에 대한 부단한 성찰이 무엇보다도 중요하다.

유럽이 아닌 아시아의 한 구석에 자리한 한반도에서 오늘날 살아가고 있는 우리에게 유럽역사상 일어났던 종교개혁의 배경, 내용과 의미를 모두 이해하는 것은 결코 쉬운 일이 아니다. 종교개혁이 오랜 기간을 두고 이어지면서 진행되었기 때문이며 다양한 모습가운데 전개되어서이다. 무엇보다도 종교개혁의 핵심은 하나님의 말씀에 다시금 초점과 눈높이를 맞추게 한 것이다. 그리고 어느 소수에 의한 독점이 아니라 모두에게 성서의 내용이 쉽게 이해되도록 하여서 성서 말씀의 민주화와 대중화를 시도한 것이다. 후스는 바로 그와같은 종교개혁을 이룩해 놓은 샛별로서, 명실공히 "제 1의 종교개혁"을 실현하고 하나님의 말씀을 진리로써 받아들이고 그에 따라 정열적으로 삶을 꾸려간 인물이다. 그는 자신의 힘만 의지하여 개혁을 이루겠다는 오만함을 지니지 않았으며, 우리를 위해 참으로 하나님이 함께 일하시기 때문에, 하나님의 말씀으로 교회가 더욱 개혁되어져 갈 수 있다고 믿은 신앙인이며, 종교개혁가였다. 그는 독일어권 중심의 문화와 독일지배적 의식구조를 체코어와 체코인 중심으로 바꾸어 놓으려했고, 국민들로 하여금 외부 세력과 지배 문화에서 벗어나 민족적 독립과 자긍심을 갖도록 촉구하였다. 그러한 노력의 일환으로 후스는 당시 신학적 통용어인 라틴어나 독일어가 아니라, 오히려 체코어로 설교하기를 즐겨했으며, 체코어로 라틴어 성경을 번역하여 언어사적으로도 새로운 전환기를 가져왔을 뿐 아니라, 체코인들에게 특히 애국자로서 사랑받고 존경받게 되었던 것이다.

1915년 후스 사후 500년을 맞아 프라하의 구시가 중심에 후스의 기념비가 세워졌는데, 그 때는 체코가 제 1차 세계대전 중 여전히 합스부르그 왕가의 지배하에[50] 있었던 시기였다. 당시 체코 사람들은 이 기념비를 세움으로써 후스의 역사적 의미를 다시금 새롭게 되새겨 보게 하였다. 이것은 후스가 개신교 종교 지도자의 의미를 지녔을 뿐만 아니라, 교파적 한계를 넘어서서 체코인 전체에게 민족정신을 일깨우는 중요한 상징적 인물임을 뜻한다. 그가 모든 외세적인 정치적 억압에 맞서 싸운 해방자이며 지도자의 역할을 감당하였다는 사실은 체코인들에게 보편적으로 기억되는 사실이다. 그러나 그곳에 장소적으로 국한되지 않고 종교의 굴레에 갇혀있던 하나님으로 하여금 하나님되게 하고, 인간으로 하여금 인간에게 씌워진 모든 굴레에서 벗어나 복음의 말씀에 따라 참 자유인으로 살아가게 하는데 주력했던 한 종교개혁자로서의 그의 모습은, 국경과 시간을 넘어 이 땅에서 살아가는 성서적, 개혁교회적 정신을 이어가고 개혁신앙을 고백하고자하는 우리에게도 여전히 기억될 가치가 있다.

후스의 뜻을 이어받은 후스파로 형성된 보헤미아 동포단은 독일 경건주의의 모태가 되었고, 경건주의 운동이 전 세계적으로 불길같이 퍼져나가게 하는 주요한 역할을 감당했다고 해도 과언이 아니다. 이들은 하나님과 나와의 관계만을 생각하는 내적 경건뿐만 아니라 이웃 공동체와의 조화로운 삶을 위한 사회개혁으로써의 경건을 아울러 강조하였다. 오늘날 한국교회가 추구하는 영성운동의 뿌리가 이 경건주의 운동에 있고, 그 경건주의 운동의 중심부에 후스파의 신앙적 삶의 모습이 있었음을 상기해 볼 때, 개인과 사회를 구원하기 위한 후스의 사상과

---

50) 제 1차 체코 공화국은 1918년 세워졌다.

외침은 먼 나라의 진부한 옛 이야기가 아니라, 오늘을 사는 우리에게도 필요한 것이라 생각된다.

또한 이 종교개혁의 유산은 교파분열로 몸살을 앓고 있는 한국교회와 사회에 하나의 방향성을 제시해 준다. 1908년 다양한 분파로 분열되었던 체코 개신교는 연합체제를 형성하여 오늘날에로 이어졌다. 이것은 이미 15세기 후반 다양한 형태로 생겨난 개혁주의 신앙인들이 보헤미아 동포단의 결성으로 함께 연합했던 것을 토대로 한 것이다. 개신교의 크나큰 병폐중 하나인 끊임없는 분열을 지양하고 서로간의 특성과 다양성을 인정하면서도 개신교 연합을 추구하는 구체적인 실례를 우리는 여기서 또한 찾아볼 수도 있겠다.

"제 1의 종교개혁"은 복음에 의한 한 개인의 변화뿐만 아니라, 사회의 개혁을 도모한 움직임이었다. 또한 무엇보다도 "제 1의 종교개혁"은 "아래로부터"의 개혁이었다는 점을 우리가 기억할 가치가 있다. 성서가 증언하는 복음을 왜곡한 중세교회의 문제를 신랄히 파헤치고 바로 잡고자 노력한 이 종교개혁의 모습은 우리자신의 현재 교회모습을 재 검토하게 해준다. 왜냐하면 오늘 우리의 교회 모습 속에는 개혁과 치유가 필요한 부분이 너무나 많기 때문이다. 인간을 통한 인간의 억압, 인간에 의한 자연의 파괴가 더 한층 문제가 되는 오늘날에, 교회가 마땅히 서야 될 자리를 이 종교개혁의 유산은 제시하고 있다. 기득권자의 권리를 오히려 더 옹호하고, 억압당하는 이들에게는 무조건적 복종과 인내만을 강요했던 루터의 종교개혁의 문제점을 우리는 극복해야 된다. 루터의 종교개혁보다 더 한층 심도있게 후스의 종교개혁, "제 1의 종교개혁"은 소외되고 억눌린 이들에 대한 돌봄과 연대를 기본전제로 한다. 때문에 이 "제 1의 종교개혁"은 포괄적 의미에서 눌린 자와 함께하는 신학의 기반이 된다고 하겠다.

21세기 신자유주의의 일방적 지배 구조 속에 살아가는 우리는 교회 안에서 꾸준히 많은 문제를 제기하여 볼 수 있겠다. 감사에서 우러나오는 자발적 표현으로써의 헌금이 아니라, 십일조를 강요하여 구원을 매매하듯 하는 것이 우리교회의 현재 모습은 아닌가? 마치 중세기 유럽에서 그러했듯 교회건축에 전력을 기울이고 외향적 권위만을 나타내려 했던 것을 우리가 답습하지는 않는가? 대형화된 교회를 성장의 척도로 보고 따라가고자 하며, 그 밖에 농촌과 도시의 중소형 교회들이 무너져 가는 것에 무관심하고 속수무책인 것은 아닌가? 개교회 중심주의가 극도로 심하여지고, 마치 중세기 봉건시대의 영주들처럼 각 교회가 나름대로의 아성을 쌓아가고, 교회의 머리는 그리스도가 아니라, 위계질서적 구조의 정점에 있는 당회장이 그 자리를 차지하고 있는 것은 아닌가? 우리의 선포의 내용이 복음이 주는 위로와 해방의 기쁜 소식이 아니라, 사람들을 억압과 불안기제에 옭아매는 율법을 설파하고 있는 것은 아닌가?

농민들의 아픔을 외면하고, 다수의 서민대중을 도외시하는 교회는 루터의 종교개혁의 한계를 극복하지 못하는 루터식 개혁교회이다. 한 개인의 구원뿐 아니라, 사회적 불의와 모순을 청산하고 바꾸기 위하여 생겨난 것이 개혁교회이다. 그러나 우리에게 이러한 모습을 찾을 수 없다면, 그것은 이름과 허울만 개혁교회일 뿐 진정한 개혁교회라 할 수 없다. "개혁교회는 항상 개혁해야 하는 교회이다. (ecclesia reformata, semper reformanda)." 이 말은 과거와의 단절이 아니라, 옛 모습을 바로 앎으로써 새로운 것을 추구하는 것이다. 즉 과거를 돌아봄으로써 현재의 변혁을 도모하고 미래를 예견하는 지혜가 요청된다. 또한 개혁교회는 끊임없는 분열을 지향하는 것이 아니라, 회개를 통하여 부단히 갱신과 연합을 추구해야 하는 것이다.

히브리문화권에서 생겨난 그리스도교는 초대교회의 희랍화, 중세교회의 라틴화 과정을 통해 발전하였다. 이후 독일어권을 중심으로 종교개혁을 거쳐, 영어권지역에로 더욱 확산되어 발달되어진 그리스도교는 근, 현대시기를 지나면서 이제 그 역사가 이어지고 있다. 흔히 21세기는 동아시아중심으로 발전될 것이라 전망한다. 이러한 시대조류를 보면 그리스도교의 영역에서 한국교회와 신학이 더 한층 그 주도적인 역할을 담당할 시기가 열린다고도 볼 수 있겠다. 그리스도교의 문화권이 역사 안에서 변화된 흐름을 감지한다면 우리에게 그 기회와 책임이 주어져 있음을 자연스럽게 인식할 수 있을 것이다. 현재적 사도행전을 써 나아가는 주체인 우리들이 교회사를 되돌아보면서 과거에 저질러진 오류들을 고쳐나가면서 우리 특유의 장점들을 살려 미래에로 나간다면 이보다 더 바람직한 일이 어디 있겠는가!

02

“세상의 미로와 마음의 낙원”: 얀 아모스 코메니우스

1. 들어가는 말

"항상 기뻐하라, 쉬지 말고 기도하라, 범사에 감사하라. 이것이 그리스도 예수 안에서 너희를 향하신 하나님의 뜻이니라."(데살로니가 전서 5:16-18) 라는 바울 사도의 권면의 말씀이 바울이 편안한 생활을 하면서 남겼던 말이 아니라, 감옥에 갇혀 있을 때 했던 말씀이라는 것을 떠올려보면, 그 역설적 의미의 가치가 더욱 진하게 느껴진다. 이와 마찬가지로 여러 형태의 고난이 이어지는 삶을 살았지만 끊임없이 희망을 전하고자 했던 신학자가 있었다. 얀 아모스 코메니우스(Jan Amos Comenius 1592-1670)라는 인물이다.[1] 그는 인간적 척도로는 도저히 희망을 말할 수 없는 삶을 살았다. 그러나 그는 "새 하늘과 새 땅"에 대한 희망을 내면에 간직하고, 그것을 주위에 전해 주면서 바로 그 희망 때문에 결코 희망을 말할 수 없는 순간에도 인간과 세상을 끌어 안고자 애썼던 멋스러운 신앙인이었다. 그리고 하나님 나라에 대한 기다림의 멧세지 가운데 세상에 대한 긍정 뿐 아니라 미래적 희망으로부터 현재를 개혁하게 하는 근원적 힘을 주게 했던 종교개혁자였다.

2. 얀 아모스 코메니우스, 그는 누구인가?[2]

사람은 무엇에 삶의 초점과 방향을 맞추고 사느냐에 따라 천차만

---

1) 한국 안에서 진행되는 코메니우스에 대한 연구와 이를 주도하는 연구소에 대해서는 다음을 참고: http://www.comenius.or.kr

2) 이 논문은 다음의 논문을 수정, 보완한 것이다. 정미현, "세상의 미로와 마음의 낙원", 『말씀과 교회』, 1998년 18호. Vgl. Premysl Pitter, *Geistige Revolution im Herzen Eurpopas*, Zürich: Rotapfel, 1968) 1968; Boris Uher, *Jan Amos Komensky. Comenius-Lehrer*

별의 모습을 드러낸다. 체코의 종교개혁자 코메니우스는 그가 죽기 직전 남긴 자그마하지만 감동적인 저서 "필요한 유일한 것(Unum necessarium)"에서 자신의 삶의 중심에 무엇이있는지 스스로 물음을 던지고, 다음과 같이 답한다. "어떤 사람이 나의 신학에 대해 묻는다면, 나는 이렇게 대답하리라. 토마스 아퀴나스가 죽으면서 그러했던 것처럼…, 이 성경을 부여안고 싶다. 그리고 마음으로, 입으로 (이렇게) 말하고 싶다. '이 책에 씌여있는 것을, 나는 믿는다'고. 누가 나의 신앙고백에 대해 묻는다면, 나는 사도신경을 지적하겠다. 왜냐하면 사도신경만큼 짧고도 간결하면서도 신앙의 핵심을 간추려 말한 것이 없기 때문이다. 누가 나에게 기도의 형태에 대하여 묻는다면 나는 주기도문을 말해 주겠다. 예수 그리스도가 가르쳐 준 기도는 바로 하나님의 마음문을 여는 최상의 열쇠이기 때문이다. 누가 내 삶의 방향성을 묻는다면, 나는 십계명을 말해 주겠다. 하나님 마음에 드는 것이 무엇인지를 하나님 이외 그 누구도 이보다 더 낫게 표현할 수 없을 것이기 때문이다."[3]

1) 얀 아모스 코메니우스와 보헤미아 동포단

우리에게 코메니우스란 이름이 알려져 있다면, 그것은 그가 고전

---

der Völker. Eine Erzählung über sein Leben, (Basel: F. Reinhardt, 1991); Jan Amos Comenius, *Christian History*, Vol. VI, No. 1.; 야코부스 디터리히,『요한 아모스 코메니우스: 생애와 작품 개관』, 최진경 역, (서울: 지만지, 2008); 안영혁,『개혁교회 영성신학으로서 코메니우스 영성사상의 실천적 해석』, (파주: 한국학술정보, 2009); 정일웅 [외],『신학, 그리스도교교육, 코메니우스』, (천안: 하교, 2006); 코메니우스의 대표 저서들에 대하여 요약적으로 소개한 내용으로는 다음을 참고: 김선아,『(한권으로 읽는) 코메니우스』, (파주: 한국학술정보, 2013), 116-153.

3) J.A. Comenius, *Unum Necessarium* X 9, zitiert nach J.M. Lochman, *Unser Vater, Auslegung des Vaterunsers*, (Gütersloh: Gütersloher Verlagshaus, 1988), 7. 한국어역:J. M. 로흐만,『기도와 정치-주기도문 강해』, 정권모역, (서울: 대한그리스도교서회, 1995), 6.

적 교육학자라는 이유에서 일 것이다.[4] 그러나 그는 교육학자이기 이전에 체코 종교개혁의 유산을 철저히 이어받고 발전시킨 종교개혁가라는 것을 기억할 필요가 있다.[5] 코메니우스는 지금의 체코 공화국의 일부인 남동부 모라비아의 니브니체(Nivnice)에서 출생하였다. 그는 얀 후스를 추종하는 조상의 자손으로서 그의 가족들은 체코 동포단(Brüderunität)에 소속한 신앙인들이었다. 어린 시절 부모를 일찍 여읜 코메니우스는 그의 보호자의 부주의로 어렸을 때 교육을 잘 받지 못했다. 그래서 16세가 되어서야 비로소 라틴어를 배우게 되었고, 뒤늦게 그 자신보다 10살이나 아래인 아이들과 같이 공부를 하게 되었다. 이후 그는 독일 헤르보른(Herborn)과 하이델베르크(Heidelberg)에서 계속 공부하였다. 그는 특히 성서학자 피셔-피스카토르(Johann Fischer-Piscator)의 영향으로 종말론, 천년 왕국설에 관심하게 되었고, 철학자 알스테트(Johann Heinrich Alsted)로 부터는 범지학적, 정치 철학적 사상의 영향을 받았다. 개혁파와 루터파의 중재자 역할을 하였던 평화주의자 파레우스(David Pareus)는 코메니우스가 무척 존경하던 스승이었다.

---

4) 참고: 우메네 사토루,『세계 교육사』, 김정환역, (서울: 풀빛, 1990), 252-263.; 이숙종, "코메니우스의 '범지학'에 관한 연구",『심일섭 박사 회갑기념 논문집』, (서울: 1994), 379-413. 실제로 우리나라에 코메니우스 연구는 교육학 분야에서 더욱 많이 이루어졌다. 교육학 분야에서의 석사학위 논문도 상당수 있으며, 그의 저서 가운데에도 교육학 계통의 책들이 우리나라에 더욱 활발히 번역되었다. 얀 아모스 코메니우스,『(요한 아모스 코메니우스의) 대교수학』, 정일웅 역,(서울: 창지사, 2002).요하네스 아모스 코메니우스,『세계최초의 그림교과서』, 남혜승역,(서울: 씨앗을 뿌리는 사람, 1999),J. A. 코메니우스,『세계도회』, 김은권, 이경영 편역, (서울: 교육과학사, 1998), J. A. 코메니우스,『세계도회: 세계최초의 삽화본 범지 교과서』, 이원호역,(서울: 아름다운 세상, 1998), 죤 아모스 코메니우스,『분석교수학』, 이숙종역, (서울: 대한교과서주식회사, 1992), 죤 아모스 코메니우스,『유아학교』, 이원영, 조래영공역, (서울: 양서원, 2003), 김선아,『(대상관계이론적 관점에서 본) 코메니우스의 교육사상』, (파주: 한국학술정보, 2008).

5) 얀 밀리치 로흐만은 코메니우스에 대한 연구가 교육학에 오히려 국한되어 진행되는 것에 대해 심히 유감을 나타냈으며 심지어 그의 교육학적 이론도 신학적 측면에서 고찰되어야 할 것을 강조하였다.

또한 라트케(Wolfgang Ratke)의 영향으로 교육 개혁에도 관심을 갖게 되었다. 당시 유럽에서 가장 진보적인 문화 중심지에서 공부를 마친 코메니우스는 모라비아로 돌아왔다. 이 때 수중에 있던 돈은 책을 사는데 다 써버려서 돈이 없기도 했지만, 허약해진 그의 체력을 단련시키고자 그는 걸어서 귀향하였다. 고국으로 돌아온 그는 얀 후스(Jan Hus)6)의 사상을 이어받은 보헤미아 동포단(Unitas fratrum, Moravian Brethren)의 감독직을 맡게 된다. 그는 부유한 집안의 막달레나 비초브스카(Magdalena Vizovska)와 결혼하여 모라비아 북부 풀네크(Fulnek)에 정착하게 되었다.

한편 1618년 "프라하 창문사건(Prager Fenstersturz)"을 계기로 본격적인 반합스부르크 운동을 일으킨 체코 개신교도들은 2년 뒤 1620년 11월 6일 백산 (am weißen Berg, Bila hora)전투에서 당시 합스부르크 가의 황제 페르디난드 2세의 군대와 결정적으로 맞붙게 되었으나 참패당했다. 1621년부터는 본격적으로 개혁주의 지도자들이 처형되었다. 그 결과 이들의 정신적 지주였던 보헤미아 동포단은 해산당하였고, 개혁주의 보헤미아 귀족들은 전 재산을 몰수당한 채 국외로 쫓겨나고 추방되거나, 망명의 길로 접어들었다. 체코에 남으려면 가톨릭 교인이 되

6) 13세기 이후 체코에서는 독일 사람들이 정치, 경제를 장악하고 있었다. 경제적 힘을 바탕으로 한 독일 지배층, 특히 체코를 지배하는 합스부르크 정권의 횡포가 심해지면서 체코에는 민족운동의 열기가 일찍부터 퍼져나갔다. 이 운동의 최절정에서 얀 후스가 주도적 역할을 하였던 것이었다. 1415년 그가 화형된 후 후스파들은 반가톨릭적, 민족적 저항운동을 확산하여 나갔고, 이를 탄압하는 카알대제에 맞서 싸웠다. 체코 각지에는 이러한 반가톨릭적 신앙단체들이 많이 생겼는데, 이들 중 하나가 코메니우스를 마지막 지도자로 삼았던 보헤미아 동포단인 것이다. 이들의 사업가운데 가장 특기할 만한 것은 교육에 대한 열의이다. 이들은 후스의 가르침에 따라 만든 교의 문답서로 어린이들을 가르치고 신앙심을 키워 나가게 하였다. 보헤미아의 독립과 개신교 신앙을 추구하던 이들은 1526년부터 이들을 지배하던 합스부르크 왕가에서 이탈하려는 보헤미아 귀족을 포함하여 당시 개신교 연합운동의 지도자격인 칼빈파의 프리드리히 제후를 중심으로 범민족적으로 독립운동을 전개하였다.

어야 했다. 체코 개혁주의 귀족들이 1620년 빌라 호라(백산) 전투에서 크게 패배한 후 향후 300여년 동안 체코에서는 개신교 종교의 자유가 허락되지 않았다. 계몽주의 시대에 접어들어 1781년에 종교적 관용의 칙령이 발표되고 공식적인 개신교 신앙의 자유가 체코 땅에서 허용되었다.

또한 이 백산에서의 신구교간의 전쟁은 이후 일어난 30년 전쟁의 불씨가 되고, 신 구교간의 전쟁은 전 유럽으로 확산되어 1648년 베스트팔렌에서 조약이 맺어지게 될 때까지 지속되었다. 이후 유럽은 그 지역의 통치자가, 그 지역 주민의 종교를 지정하는 형태(Cuius regio, eius religio)를 취하게 된다.

29세의 나이로 풀네크지방의 보헤미아 동포단 목사직과 그 교단학교의 교장직을 맡았던 코메니우스에게도 백산전쟁의 패전은 영향을 미치게 되어 1621년 그곳까지 침입한 카알 황제의 군대에 의하여 그의 집과 재산은 물론 교단교회까지도 모두 타버렸다. 반종교개혁의 여파로 다시 가톨릭화된 고향에 머무르려면, 개신교도들은 개혁 신앙을 버려야했고, 그렇지 않으면 고향에서 떠나야만 했다. 고향에 남아 숨어지내며 개신교 신앙을 유지하였던 코메니우스에게도 1628년부터 신앙을 위한 순례 공동체(Communio viatorum)생활은 시작되어서 이때부터 유럽각지를 떠돌며 생활하게 된다. 개신교의 신앙을 지켜나가고자 하였고 그의 교회내의 지도적 신분 때문에 고향을 등져야했던 그는 임신한 아내와 어린 아들을 두고 정처없이 떠나야만 하였다. 고향에 남았던 아내와 아들과 새로 태어난 아이는 군인들이 옮겨온 흑사병으로 인해 사망하였다고 전해졌다.[7] 코메니우스는 신, 구교간의 이 30년 동안의

---

7) 아내 막달레나(Magdalena Vizovska)를 잃은 2년 뒤 코메니우스는 도로테아(Dorotea Cyrillova)와 결혼하였다. 그러나 그녀 역시 30년 전쟁 말기 두 번째로 폴란드 리싸로 이

전쟁으로 인하여 사랑하는 가족은 물론, 그의 장서, 원고를 포함한 대부분의 소유물을 잃게되었다. 1628년 고향에서 추방당한 그는 폴란드로 피신하여 리싸(Leszna, Lissa)에 있는 모라비아 고등학교(Gymnasium)에서 몇년동안 교장직을 맡아 하면서 교사, 목회 상담자, 학자로서의 다양한 역할을 해내었다. 그곳에서 코메니우스는 교육적 이론과 실제에 의미있는 공헌을 하게 되었고 1632년 최초로 교육학 이론의 체계를 마련한 "대 교수학(Didactica Magna)"을 비롯한 교육학, 교육방법론에 관한 중요한 저서들을 저술하였다. 또한 어학입문(Janua Linguarum Reserata)을 비롯한 유명한 교과서들을 집필하였다. 코메니우스의 신학과 교육에 대한 열정은 국수주의적 좁은 견해에 머물지 않고 세계적인 범지학(Pansophia)연구로 발전되었다. 그는 교육을 통하여 사회를 개혁하고 세계를 변화시키려는 의도를 지닌 종교개혁가였다. 그에 의하면 교육은 한 개인의 일이 아니라, 한 사회, 한 국가, 나아가서는 전 인류의 더 나은 삶에 관계되는 것이다. 교육에 대한 이러한 사명감을 바탕으로 그는 전 국민을 대상으로 하는 공영학교체계를 모색하였다. 1641년 그는 이러한 범지학적(pansophisch) 대학을 시작하려는 희망을 지니고 영국으로 가게 되었다. 그가 꿈꾸었던 대학의 모습은 보편적 지식이 전해져야 하는 중심지였다. 영국의회로부터 재정적 도움을 바랐으나 이는 실현되지 못하였고, 또한 청교도 혁명의 발발로 영국에 오래 머무르지 못하게 되었다. 그렇지만 영국에서 활동한 덕분으로 그는 영국학계는 물론 신대륙에까지 알려지게 되었고, 심지어는 그의 명성 때문에 미국인 존 윈스럽 2세로부터 하바드 대학의 학장이 되어 달라는 초청을 받게 될 정도였다.

주해 오던 때 여행의 과로로 숨지게 된다. 이로부터 1년 뒤 그는 다시 요한나(Johanna Gajusova)와 결혼하였다.

한편 스웨덴 정부도 1642년에 스웨덴의 학교를 개혁하면서 코메니우스를 초청하였다. 루드비히 드 기어(Ludwig de Geer)와 수상 옥센티르나(Axel Oxenstierna)의 초청으로 스웨덴에 6여년간 머물게된 그는 스웨덴 고위 지도자의 보호하에 엘빙(Elbing)에 살면서 스웨덴의 교육체제의 향상에 힘썼으며 라틴어 교재, 문법, 사전등을 집필하였고, 좋은 호응을 얻었다. 그 가운데 하나가 "언어학습의 새로운 방법(Methodus linguarum novissima)"이라는 책이었다.

1648년 30년간 지리하게 계속되었던 신구교간의 전쟁은 개신교도들에게 큰 실망을 안겨주며 끝이났고, 이러한 절망과 실의에 빠진 보헤미아 동포단을 돌보기 위하여 그는 다시 폴란드 리싸로 돌아오고, 이 동포단의 마지막 지도자로 임명된다. 1650년에는 헝가리 영토인 트란실베니아 군주 라코지(Sigismund Rakoczi)의 초청으로 헝가리 사로스 파탁(Saros Patak)에 오게 되었다. 개혁주의 사상을 지닌 군주의 비호 아래 코메니우스는 수준있는 라틴어 학교를 개혁하는 일을 맡았고 이곳이 쫓겨난 보헤미아 동포단의 근거지가 되었다. 그는 쇠약해져가는 보헤미아 동포단을 위해 "죽어가는 어머니, 동포단의 유산 (Vermächtnis der sterbenden Mutter, der Brüderunität 1650)"을 썼다. 그는 이곳에서 학교의 개혁을 실제적으로 적용시켜보고자 하였으나, 효과적으로 진행되지는 못하였다. 그러한 가운데에서 그는 교육학의 고전적 대작 "교육학 총서(Opera Didactica 1657)" 그림이 있는 최초의 교과서 중의 하나라 불리우는 "그림 안에 있는 세계(Orbis sensualium pictus 1658)"[8]를 출판하였고, 또한 헝가리에 있는 동안 그는 하나님으로부터 예언을 받았다고 주장하는 드라빅(Nikolaus Drabik)의 영향을 받았다. 코메니우스의 입장을 따

---

8) 이 책은 당시부터 세인의 주목을 받았는데, 헤르더(Herder), 괴테(Goethe) 같은 인물들이 이 책을 통하여 교육받았다.

라 대부분의 모라비아 교회와 개신교도들은 드라빅의 예언을 받아들였다.[9)]

폴란드 리싸에 세번째로 다시 돌아온 코메니우스를 폴란드인들은 받아들여주지 않고 추방하였다. 코메니우스가 스웨덴 왕인 구스타부스(Charles Gustavus)를 공적으로 영접한 데에 불만을 품은 폴란드인들은 왕의 사후 1656년 리싸를 초토화하였는데, 이 때 코메니우스의 저서들과 원고를 포함하여 집 전체를 불태웠다. 이 해에 일찍이 코메니우스를 존경하였던 아버지를 뒤이어 라우렌티우스 드 기어(Laurentius de Geer)가 코메니우스를 네덜란드 암스테르담으로 초청한다. 이후 그는 거기에 머물면서 그의 생애가운데 비교적 평온한 생활을 하며 신학적, 교육적, 범지학적 활동을 펴가면서 마지막 저서 "필요한 유일한 것(Unum necessarium 1668)"을 비롯한 많은 저서를 남겼다.[10)] 1670년 암스테르담에서 생을 마감한 그는 암스테르담 근교 나르덴(Naarden)의 교회 묘지에 잠들어 있다.[11)]

---

9) 드라빅의 예언은 로마가 멸망하고 개신교도들에게 좋은 시대가 열릴 것이라는 내용이었다. 그러나 드라빅은 코메니우스 사후 공식적으로 모든 예언을 철회하고 로마 가톨릭에 귀의하였다. 참고: M.W. Keatinge, *The Great Didactic*, part I, 98-99; 윌리암 와렌 필킨 2세, "존 아모스 코메니우스", 엘머 타운즈,『인물 중심의 종교교육사』, 임영금역, (서울: 한국 장로교 출판사, 1984).

10) 코메니우스에 대하여 한국어로 번역된 저서들 가운데 대표적인 것은 다음을 참고: 판 데어린데,『미래를 가진 하나님의 세계: 코메니우스의 세계 개혁론』, 정일웅역, (서울: 여수룬, 1999); 얀 아모스 코메니우스,『범교육학: 그리스도교적 전인교육과 평생교육론』, 정일웅역, (서울: 여수룬, 1996); 얀 아모스 코메니우스,『대교수학』, 정확실역, (서울: 교육과학사, 2007).

11) 코메니우스가 유럽에 널리 알려지게 된 데에는 독일의 철학자인 고트프리드 빌헬름 라이브니츠(Gottfried Wilhelm Leibniz 1646-1716)의 공이 컸다. 그는 종교개혁적, 철학적, 인문주의적 사상과 식견을 고루 갖춘 코메니우스의 가치를 일찍이 알아보았던 것이다.

3. 코메니우스의 신학 사상

1) 종말론적 희망

코메니우스의 신학 사상의 초점을 간략하게 표현한다면 종말론적 희망이다. 이것은 전적으로 주권이 하나님에게 있는 하나님 왕국의 도래함에 대한 신앙일 뿐더러, 그 나라가 바로 우리 가운데 임하셨음에 대한 믿음이다. 바로 이같은 종말론적 희망은 체코 종교개혁 전통[12)]의 본질적 요소이다. 요한 계시록의 "새 하늘과 새 땅"은 이러한 종말론적 희망에 대한 역동적인 비젼을 제시한다. 이러한 비젼은 우리로 하여금 현실세계의 구조와 모순과 문제점을 해결하고 고쳐 나가도록 힘을 실어준다. 그의 천년왕국사상[13)], 종말론적 희망은 미래에 대한 환상이나, 내세로의 안일한 영적 도피가 아니라, 구체적으로 우리가 살아가고 있는 "지금 여기"에서 우리로 하여금 모든 죄악과 불의와 투쟁하게 하는 근원적 힘이다.

---

12) 얀 밀리치 크렘지에, 마티아스 폰 야노프 등으로부터 비롯되어 얀 후스로 이어지는 체코 종교 개혁 전통은 현대의 체코 개신교 신학자들에게도 깊은 영향을 끼쳤다. 대표적인 예로 칼 바르트에게 필적하는 인물 요셉 룩 로마드카, 바젤 대학 조직신학자로 활동한 얀 밀리치 로흐만, 개혁교회 협의회(WARC) 총무였던 밀란 오포첸스키 등과 같은 신학자들의 저서나 강의를 읽고 들은 사람들은 이들이 얼마나 체코 종교개혁에 깊이 뿌리내리며 신학활동을 하는 지를 쉽게 알 수 있다.

13) 그의 천년왕국 사상은 오해의 소지가 많이 있는 한 신학적 주제이다. 그의 사상은 거칠고 광적인 천년왕국사상인 "스키라(Scylla)"와 오로지 천당만 지향하는 영적 경건성을 뜻하는 "카리브디스(Charybdis)"의 중도적 길을 지향한다.

2) 삼위일체론에 근거한 신학적 특성

코메니우스의 신학 사상의 기초는 삼위일체 하나님에 대한 신앙이다. 그는 열정적인 삼위일체론의 옹호론자여서, 그 당시 유행한 소치안주의와 같은 반삼위일체론주의에 대해서 신랄하게 거부하였다. 그는 삼위일체성을 기교적으로가 아니라, 존재론적, 인식론적으로 삼위가 일체되시는 하나님으로부터 찾으려 한 신학자였다.[14] 또한 그는 이러한 삼위일체 하나님 신앙을 토대로 한 열정가운데 삼위일체의 흔적(Vestigia trinitatis)을 찾고자 하였다.[15] 이것은 성스러운 삼위성의 조화를 추구하려는 시도이기도 하고, 성서, 세계, 이성의 조화, 그리고 하나님, 자연, 예술의 인식의 삼위성의 조화이기도 하다. 무엇보다도 코메니우스가 염두에 두는 것은 하나님, 인간, 자연의 관계 안에서 삼위성의 조화이다.

3) 그리스도론에 바탕을 둔 평화

체코 종교개혁의 본질적 토대를 마련한 얀 후스의 신학사상 중 빼놓을 수 없는 것이 민족간의 평화를 위한 그의 노력이다.[16] 그가 말하는

---

14) Vgl. *Auf den Spuren des Comenius. Texte zu leben, Werk und Wirkung*, hrsg. von K. Goßmann und H. Schröer, (Göttingen: Vandenhoeck & Ruprecht, 1992), 138. 이 책의 우리말 번역: 클라우스 고스만, 헨닝 슈뢰어, 『코메니우스의 발자취』, 정일웅역, (서울: 여수룬, 1997).

15) 이러한 사상은 이미 초대교부 가운데 어거스틴에게서 강조된 바와 유사하다.

16) Vgl. A. Molnar, "Das Friedensbestreben Hussens", *Christliche Friedenskonferenz*, 16, Prag 1965. 그는 단순한 평화주의자는 아니었다. 그러나 그는 그리스도교 역사상 그리스도교의 이름으로 저질러진 씻지못할 많은 죄악 가운데 하나인 십자군 전쟁과 그 전쟁 비용 충당을 위한 면죄부 판매의 비리를 일찍이 지적하였고, 오히려 민족간의 평화를 위해 그의 모

평화란 불의가 판을 치더라도 겉으로만 평온한 상태를 뜻하는 것이 아니라, 예수 그리스도 자체에 토대를 둔 평화를 말하며 이는 하나님, 인간, 피조물의 온전한 관계성의 회복을 돕는다.

그의 사상을 계승한 얀 아모스 코메니우스는 구원자와 화해자이신 예수 그리스도에 근거한 후스의 평화사상을 이어 받았고, 특히 민족간의 화해에 역점을 두었다. 그래서 17세기 당시 세계로 뻗어 나가려는 유럽의 제국주의, 팽창주의에 직면해 해상전쟁을 통한 유럽인들의 지배권 다툼에 신랄히 비판을 가하였고, 수탈당하고 착취 당하는 비 유럽민족들 편에 서서 평화의 복음을 전하려 했던 것도 우리는 주목해 볼 필요가 있다.[17)]

4) 데카르트식의 이분법으로부터 탈피한 통전적, 우주론적 이해

스웨덴으로 향하던 코메니우스는 네덜란드에서 르네 데카르트(Rene Descartes)와 역사적 만남을 갖게 되었다. 본래 사람만나 대화하기를 꺼리기로 유명한 데카르트였다지만, 그는 코메니우스를 경의를 표하며 맞아들였고, 두 사람은 장시간 긴 대화를 나누게 된다. 데카르트는 순수 사고를 중시한 반면, 코메니우스는 신앙의 경험과 계시의 진리

든 노력을 아끼지 않았다. 평화를 위한 노력만이 교회가 늘 자각하고 감당해야 할 과제임을 그는 깊이 인식하였다. 이 평화는 궁극적으로 예수 그리스도로부터 오고 완성되는 것이다. 후스는 평화를 하나님과 나, 나 자신과 나, 나 자신과 이웃과의 세가지 측면에서 잘 설명하고 있다.

17) 영국과 네덜란드 사이의 해상전쟁을 종식시키기 위한 1667년 브레다에서 열린 회의에 참석한 코메니우스는 그의 이러한 견해를 강력히 역설하였고 그의 "평화의 사자(Angelus pacis)"는 이러한 내용을 담은 선언문적 문서이다. Vgl. J.A. Comenius, "Der Engel des Friedens", *Ausgewählte Werke*, Bd. III., hrsg. von K. Schaller, (Hildesheim: Olms Verlag, 1976).

를 학문적 인식과 연결하여 보려는 시도를 하였다. 코메니우스는 데카르트와 비교하여 볼 때 자연, 우주와 인간의 조화를 추구하는 통전적 사고, 우주론적 이해를 추구하던 사상가였다. 인간과 자연을 주체와 객체로 분리한 데카르트의 사고는 이후 과학문명을 발전시킨 원동력이 되었으나, 자연파괴와 그 대가로 고통당하는 현실에 직면한 오늘날에는 그의 사상에 근거한 그리스도교적 자연이해가 상당히 문제시 되고 있다. 그에 비하여 코메니우스의 생태학적, 우주론적 신학사상[18)]은 특히 데카르트 이후 왜곡된 그리스도교의 자연관을 바로 잡는 길잡이가 될 수 있을 것이다.

5) 예수 그리스도 안에서 교회 연합의 추구

그리스도교 교파간의 분열로 인한 전쟁으로 인간적인 고난을 온 몸으로 겪었던 코메니우스였기에, 교회 일치와 연합을 위한 필요성을 그 누구보다도 역설하였다. 교파간의 특성은 인정되어야 하지만, 예수 그리스도 안에서 그러한 특성들은 상대적인 것으로써 받아들여져야 하고, 본질적은 것은 예수 그리스도 안에서 서로가 공통분모를 찾게 되는 연합이다.

이러한 에큐메니칼 정신은 교회, 교파간의 적대성을 지양하게 하고, 교회의 개혁운동을 끊임없이 추구하게 한다. 코메니우스는 16세기 종교개혁 1세대의 시기를 눈먼 사람이 고침을 받는 첫 번째 과정(막 8:22-24)으로 본 반면, 이러한 종교개혁을 완수해가는 과정을 눈먼 사람이

---

18) Vgl. J.M. Lochman, “Der Mensch im Ganzen der Schöpfung. Zur Aktualität von J.A. Comenius”, *Neue Züricher Zeitung*, 21, März 1992, 70 und “Neuentdeckung eines unterschätzten Denkers”, *Basler Zeitung*, 22, Feb., 1992, 29.

완전한 시력을 다시 회복하는 단계(막 8:24f)로 보았다.[19]

4. 코메니우스 교육 사상[20]의 특징

그의 전 생애를 통한 삶의 목표는 모국의 독립과 보헤미아 동포단의 부흥이라고 할 수 있다. 이를 실현하기 위하여 어린이를 교육하는 것을 가장 시급한 과제로 삼아, 올바른 교수법으로 어린이들을 효과있고 훌륭하게 지도하고자 노력하였다.

1648년 베스트팔렌 조약으로 코메니우스가 간절히 바랬던 조국해방의 꿈이 물거품이 되어버리자, 그는 개신교 국가들의 동맹을 꾀하여 다시 한번 반합스부르크, 반가톨릭 운동을 주도하면서 동분서주하였다. 그럼에도 불구하고 그의 이러한 정치적 노력들은 그의 모국 보헤미아와 모라비아에 해방을 가져다 주지 못하였다. 이후 국제적인 정치투쟁을 단념한 코메니우스는 교육을 통한 세계실현이라는 비젼을 품은 채 오로지 신학연구와 교육에 전념하게 된다. 코메니우스는 신학과 교육에 대한 열정과 세계적인 범지학(Pansophia) 연구를 바탕으로 교육을 통하여 사회를 개혁하고 세계를 변화시키려는 의도로 실제적인 교육체계를 갖추어나갔다. 인간에 의해 인간이 억압당하거나, 한 나라에 의해 다른 나라가 억압을 당하지 않도록 꿈꾸며 그는 교육을 통하여 정의를 추구하는 삶을 꾸려 나갔다. 그에 의하면 교육은 한 개인의 일이 아니라, 한 사회, 한 국가, 나아가서는 전 인류의 더 나은 삶에 관계되는 것이다. 교육에 대한 이러한 사명감을 바탕으로 그는 전 국민을 대

---

19) J.M. Lochman, *Comenius*, (Freiburg: Imba Verlag, 1982), 50.

20) 참고: 이숙종,『코메니우스의 교육사상』, (서울: 교육과학사, 1996).

상으로 하는 공영 학교체계를 모색하였다. 출생부터 만 6세까지는 모친학교(Schola materna), 만 6세부터 12세까지 6년제 모국어학교(Schola vernacula), 12세 이상 18세까지 6년제 라틴어학교(Schola latina), 18세 이상 24세까지 6년제 대학 (Academia)이라는 4단계의 학교체계를 세웠다. 인간의 교육이 시작되는 곳은 가정인데, 이 가정교육에서 어머니 역할의 중요성을 강조하여 코메니우스는 이를 모친학교라고 이름 부쳤다. 그리고 모국어 학교는 마을단위, 라틴어학교는 지방이나 도시의 차원으로, 대학은 국가차원에서 각각 공금으로 운영되어야 한다는 행정적 체계도 세워 놓았다.

코메니우스는 특히 교육 앞에서 만인이 평등하다는 것과 교육의 내용은 전인교육이어야 한다는 것을 무엇보다도 강조했다. 이후 300여 년 뒤에야 서구에서 본격적으로 논의되었던 여성에 대한 교육과 그 중요성에 대한 강조가[21] 이미 코메니우스에게서 나타났고 실현되었다. 그가 성별의 구별없이 교육을 받도록 하였던 것이나, 빈부나 신분의 격차에 따른 교육을 지양하고, 전인적 인성을 함양하는 교육을 지향했던 것은 특별히 몇 세기를 앞서간 선구적 시도였다.

"단지 부자나 권력자의 자녀들 뿐 아니라, 귀족이나 평민이나, 부유한 자나 가난한 자나, 남자 아이들이나 여자 어린이들이나 모든 도시와 마을들에 사는 모든 어린이들이 동등한 방법으로 학교 교육을 받을 수

---

21) 코메니우스의 신학적 입장을 현대의 여성신학적 잣대로 본다면, 물론 미흡한 점, 비판될 점이 있다. 그러나 여성과 남성 모두 하나님의 형상으로 지음받은 존재로 보고, 교회와 사회에서의 남녀차별구조를 고쳐가려 했던 그의 신학적 기본 입장은 시대를 앞서간 선구적인 견해로써 주목될 가치가 충분히 있다. Vgl. Christine Reents, "Comenius' Impulse zur Mädchenbildung? Oder: Die Gleichheit von Mann und Frau als Ausdruck ihrer Gottebenbildlichkeit", *Jan Amos Comenius 1592-1992. Theologische und pädagogische Deutungen*, hrsg. von K. Goßmann und C. Th. Scheilke, (Gütersloh: Gütersloher Verlagshaus, 1992).

있어야만 한다. 왜냐하면? 첫째로 인간으로 태어난 누구나가 인간이 되도록 지음을 받았기 때문이고, 두 번째로 하나님 안에서 인간은 차별이 없기 때문이다. 우리가 단지 몇 명만을 교육시키고 다른 아이들은 배제시킨다면, 우리는 인간에게 불의를 저지르는 것일 뿐만 아니라, 하나님에게 불의를 행하는 것이다. 셋째로 우리로서는 인간이 무엇을 위해 예정되었는지 알 수 없기 때문이다. 하나님은 지극히 가난한 자, 가장 멸시 당하는 자와 가장 볼품 없는 자들에게서 그의 영광을 드러내는 특별한 도구를 만드신다."[22]

교육을 통하여 모든 인간이 성별이나, 신분의 차이를 넘어 서로 어우러져서 배우고 돕고 협력하는 것이, 평등하고 정의로운 사회를 구현해 나가는 토대가 된다. 때문에 계급관념이나, 우열감을 조장하는 차별적, 불평등적 교육의 방법은 코메니우스에게 있어서 배제 되었다. 그가 말한 효율적인 교수법의 개혁도 이것과 연관되어 있다. 그는 강압적이거나, 명령적, 이론적 교육의 방법과 내용을 지양하고 실제로 삶에 적용할 수 있는 실질적 관찰, 체험이나 놀이를 통해 재미로 익혀 나갈 수 있는 교육방법을 통해서 깊은 지식에 이르게끔 하였다. 이러한 교육의 장소인 학교는 특정 소수만을 위한 배타적인 혜택의 기관이 아니라, 서민 다수를 위한 놀이와 흥미를 유발하는 희열의 장소(domus deliciarum et illecebrarum)가 된다. 시대를 훨씬 앞서간 코메니우스의 이러한 교육이론은 오늘날에도 여전히 참고될 만한 것으로 주목되며, 특히 획일적인 사회주의 체제에 일방적으로 오랫동안 길들여져 있었던 동구유럽에서 그의 교육방침은 최근 활발히 논의되고 주목되고 있다.

---

22) J.A. Comenius, *Didactica magna* IX, 1.2, zit. nach J.M. Lochman, Comenius, 17.

5. 경건주의와의 연관성

앞서 말한 바대로 코메니우스의 저서들은 전쟁의 참화 속에 대부분 소실되어 남아있는 것은 그리 많지 않다. 1935년 독일 할레(Halle)에서 일부 필사본(die Consultatio와 같은 원고)들이 발견되었는데, 할레가 독일 경건주의의 중심지라는 것을 감안해 볼 때 이는 코메니우스와 경건주의가 밀접한 관련성이 있었음을 말해주는 증거이다.

경건주의는 필립 야콥 스페너(Philip Jakob Spener)와 아우구스트 헤르만 프랑케(August Herrmann Francke)를 주축으로 하여 17세기 독일에서 비롯되어 18세기에 꽃피어 메마른 교리주의를 지양하고 생동력있는 신앙생활을 강조하였던 그리스도교 운동이다. 이 영향으로 개신교의 선교활동이 활발히 전개되기에 이른다. 한편 이 경건주의는 스페너를 대부로 모신 니콜라우스 루드비히 진첸도르프(Nikolaus Ludwig von Zinzendorf) 백작에게 지대한 영향을 끼친다. 여러 곳에서 수학을 한 후 드레스덴 궁정에서 일하기도 했던 진첸도르프는 이 즈음에 박해를 피해 신앙의 자유를 찾아 온 후스파(모라비아 교도)를 만나게 된다. 복음 때문에 고향에서 쫓겨난 이 사람들에게서 진첸도르프는 깊은 감명을 받는다.[23] 그래서 그는 이들에게 헤른후트(Herrnhut)[24]의 자기 사유지를 제공하여 생활과 신앙공동체를 이루고 정착하게 돕는다. 진첸도르프는 코메니우스의 책을 통해 보헤미아 동포단의 역사를 더 구체적으로

---

23) D. Meyer, "Zinzendorf und Herrnhut", *Geschichte des Pietismus. Der Pietismus im 18. Jahrhundert*, Bd. 2., hrsg. von M. Brecht(u.a.), (Göttingen: Vandenhoeck & Ruprecht, 1995), 8.

24) 문호주, "헤른후트 형제단 예배 연구: 예배의 형식성, 표현방식, 취향을 중심으로", 박사학위논문, (서울: 연세대학교, 2013), 57-69.

배우게 된다.[25] 구원자로서 예수 그리스도를 강조하는 코메니우스의 신학사상은 경건주의와 거부감 없이 연관되어졌다. 이 모라비아 교도들은 무엇보다도 신앙생활에 모범을 보인 사람들이었고, 삶과 신앙의 불가분리적 통일성을 이루어나간 공동체였다. 신앙의 자유를 찾아 피난 온 이들은 헤른후트에서의 정착 후, 전 세계적으로 소외된 이들을 찾아 광범위한 지역을 대상으로 활발한 선교활동을 펼치게 되었다. 이들의 경건한 삶의 태도와 열정적 선교의 자세는 이후 19세기 개신교 선교에 모범이 되었고, 특히 존 웨슬리를 통하여 감리교에도 중요한 영향을 끼치게 하였다.[26]

6. 생태 정의를 향한 코메니우스의 선구자적 통찰력

"서양 근대 철학의 아버지"라고 불리는 데카르트는 자연탐구를 위해 필요한 것으로써 자연지배의 연장을 인간 정신에 부여하고 합리주의적 사고방식을 명백히 제시한다. 또한 인간의 이성을 끈기 있게 자연 연구에 적용하며 근대적 정신이 형성되는데 중요한 단초가 되는 내용을 집약적으로 다음과 같이 표현한다. "…우리가 불, 물, 공기, 별, 하늘 및 우리를 둘러싸고 있는 다른 모든 물체들의 힘과 작용을 마치 우리가 장인들의 갖가지 재주를 알듯이 분명하게 알고서, 장인들처럼 이것들을 모든 적절한 용도에 사용하고, 그리하여 마치 우리를 자연의 주인이요, 소유자가 되게 할 수 있다는 것을 나로 하여금 보게 한 때문이

25) D. Meyer, a.a.O., 28.

26) 김홍기는 진첸도르프와 모라비아주의 운동이 웨슬리에게 신앙적으로 결정적 영향을 끼쳤다고 본다. 김홍기, 『존 웨슬리 신학의 재발견』, (서울: 대한그리스도교서회, 1993), 28.

다."[27)]

모든 회의를 넘어서게 하는 사유의 중요성을 강조하는 데카르트는 하나님과 인간 영혼의 현존을 증명하는 그의 방법서설(1637) 4부에서 그의 유명한 사유론을 다음과 같이 말한다. "'나는 생각한다, 그러므로 나는 있다'라는 이 진리는 아주 확고하고 확실하여, 회의론자들의 제아무리 터무니 없는 상정들을 모두 합치더라도 흔들어 놓을 수 없음을 주목하고 나는 주저없이 이것을 내가 찾고 있던 철학의 제 1 원리로 받아들일 수 있다고 판단하였다."[28)]

데카르트는 우주의 근본적 질서를 하나님이라고 보는데, 자연의 빛인 인간 "이성"에 의하여 우주 신비를 연구하고 그 합법칙성을 규명할 수 있는 것으로 본다. 이는 데카르트 혼자만의 주장이 아니라, 갈릴레이, 홉스 등으로 대변되는 당시 근대 사상가들의 전반적 내용이었으며 이러한 사상은 철학 뿐 아니라, 신학에도 지대한 영향을 끼치고 헤게모니적 위치를 차지하였다. 그에 비하여 창조와의 구체적 연관성으로 인간과 구원의 문제를 다루었던 코메니우스의 신학 사상은 신학 주류의 흐름으로부터 밀려나게 된 것이다.[29)]

오로지 사유의 우선성과 상위성을 강조했던 데카르트는 모든 감각적 기능, 현실 세계의 오감적 가치를 극히 약화시켰다. "…즉 물체들은 본래 감각이나 상상의 능력에 의하여 파악되는 것이 아니라, 오직 오성에 의하여 파악된다는 것, 또 만지거나 봄으로써 파악되는 것이 아니라, 오직 이해함으로써 파악된다는 것이 분명하므로, 나는 내 정신보

---

27) 르네 데카르트,『방법서설. 성찰』, 최명관역, (서울: 창, 2010), 123-124.

28) 르네 데카르트,『방법서설. 성찰』, 최명관역, (서울: 창, 2010), 95-96.

29) Cf. Jan Milic Lochman, "Der Mensch im ganzen der Schöpfung. Zur ökumenischen und ökologischen Aktualität von Johann Amos Comenius", *Comenius als Theologe*, hrsg. von Vladimir J. Dvorak and J.B. Lasek, (Prag: Nadace Comenius, 1998), 34.

다도 더 쉽게 그리고 명증적으로 나에게 파악되는 것은 하나도 없다는 것을 분명히 인식한다."[30] 데카르트가 도입한 인식과 감각적 경험 사이의 위계적 이분법으로 사유하는 주체와 사유의 대상으로써의 객체의 관계가 형성되었음을 여성주의 철학자 수잔 보르도는 강조한다.[31] 그리고 데카르트주의적인 사유의 남성화는 인간의 오감을 이 세계를 이해하는 방법으로부터 밀어 냈고, 여성적인 것과 그것과 연관된 긍정적 가치 또한 역사적으로 사라지게 한 것이다.[32]

데카르트에게 있어서 동물, 식물을 포함한 자연은 인간의 자연 탐구의 대상일 뿐으로 그 관계성에서 단순한 "그것"으로 전락한다. 데카르트의 방법론은 코메니우스가 통전적 시각과 감각으로 자연을 주체적으로 인식하게 하는 것과 전적으로 대조된다. 코메니우스에 의하면 자연은 우리의 지배 대상인 객체가 아니라, 우리와 마찬가지로 하나님의 피조물이다. 따라서 자연과 인간 사이의 유기체적 연관성 속에서의 상호 관련성이 강조되는 것이며 자연과의 인격적 관계를 말할 수 있다.[33] 하나님과 인간과의 관계도 마찬가지로 이러한 인격적 관계 속에서의 대화적, 상호 연관성 속에서 보여진다. 그래서 하나님은 홀로 외로이 존재하는 분이 아니라 (Deus non est solitarius), 지극히 대화적인 분(Deus est summe communicativus) 이시다.[34] 코메니우스는 데카르트가 역설하

---

30) 르네 데카르트, 『방법서설. 성찰』, 최명관역, (서울: 창, 2010), 173.

31) Cf. Alison M. Jaggar and Susan R. Bordo, ed., *Gender/Body/Knowledge. Feminist Reconstructions of Being and Knowing,* (London: Rutgers University press, 1989), 3.

32) Cf. Susan R. Bordo, *The Flight to Objectivity. Essays on Cartesianism and Culture*, (*New York:* State University of New York Press, 1987), 9, 45.

33) Cf. Jan Milic Lochman, "Der Mensch im ganzen der Schöpfung. Zur ökumenischen und ökologischen Aktualität von Johann Amos Comenius", *Comenius als Theologe, hrsg.* von Vladimir J. Dvorak und J.B. Lasek, (Prag: Nadace Comenius, 1998), 27.

34) Cf. Jan Milic Lochman, "Theology and Cultural Contexts", *Reflections*, 1999, Vol. 2, 31.

는 사유의 순수성과 우선성에 대해 비판적이었으며, 인간 이성의 합리성을 능가하는 믿음을 말하는데, 그 합리성과 믿음이 상충되거나 배제되는 것이 아니라, 서로 연관되어지는 것이다.[35)]

그는 데카르트의 사상이 이 물질 세계 안의 구체적 현실성을 다루기보다는 형이상학적이거나 허구적인 내용만을 전하고 있으며 일방적 가치만을 강조하기 때문에 균형성을 잃은 위험한 것이라 본다. 순수 사유, 정신적 가치만을 주장하는 데카르트에 대한 코메니우스의 비판은 누가 복음 10:38-42에 대한 주해서인 그의 저서 "유일한 하나의 것"에 드러나 있다.[36)] 우리가 비록 미궁과 미로와 같은 세계에 살고 있지만, 하나님께서 우리에게 지혜와 선함을 주셔서 각 요소들의 조화로운 균형을 추구하게 하시며, 그 미로로부터 빠져나가도록 이끄신다는 것이다.[37)] 우리가 절제할 수 없는 개별적 욕망에 사로 잡혀 있으면, 세상의 미로로부터 빠져 나올 수 있는 마음의 천국을 찾게 해주는 아리아데네의 실을 놓쳐 버리게 된다.[38)]

인간을 자연에 대한 지배자로서가 아니라, 우주의 한 요소인 소우주로 파악함으로써 코메니우스는 이웃이 되는 인간(Mitmensch)에 대한 관계성뿐 아니라, 자연에 대한 인간의 상호 관련성을 일깨움으로써 조화를 통한 우주 안에서의 평화사상을 강조한 것이다. 코메니우스는 그의 시대에 이미 우주론적 그리스도론(골 1: 15-20)에 대한 비젼을 제시하였다. 그러한 바탕 위에 예수 그리스도에 근거를 둔 평화를 말하였던 코

35) Cf. Blekastad, op. cit., 640f.

36) Jan Amos Comenius, *Das einzig Notwendige. Unum necessarium*, hrsg. von Ludwig Keller, (Jena: Eugen Diederichs, 1904), 34f.

37) Jan Amos Comenius, *Das einzig Notwendige. Unum necessarium*, 182.

38) Jan Amos Comenius, *Das einzig Notwendige. Unum Necessarium*, 67f.

메니우스는 하나님, 인간, 피조물의 온전한 관계성의 회복을 강조하였다. 그리고 코메니우스는 구원자와 화해자이신 예수 그리스도에 근거한 후스의 평화사상을 이어 받았고, 특히 민족간의 화해에 역점을 두었다. 그래서 17세기 당시 세계로 뻗어 나가려는 유럽의 제국주의, 팽창주의에 직면해 해상전쟁을 통한 유럽인들의 지배권 다툼에 신랄히 비판을 가하였고, 수탈당하고 착취 당하는 비 유럽민족들 편에 서서 평화의 복음을 전하려 했던 것도 우리는 주목해 볼 필요가 있다.[39]

코메니우스는 우주 안에서의 통전적 조화를 꿈꾸었던 신학자였다. 그래서 그의 신학적 작업에서는 총체적인 것을 지칭하는 "모든"이라는 개념이 자주 등장한다. 그런데 코메니우스에게 있어서 "모든" 것의 의미는 단순한 혼합을 뜻하지 않는다. 그것은 전체를 위한 조화 가운데 있지만, 각 요소가 나름대로의 가치를 보여주는 부분으로 작용하는 것을 의미한다. 또한 각 요소들은 서로 간의 연관 관계성 속에서 그 역할을 공의롭게 담당하게 될 때 평화가 가능하다.[40] 그 평화는 불의가 있음에도 고요함의 정적만이 지배하는 무덤같은 상황을 말하는 것이 아니라, 모든 것이 창조의 본래적 모습에 맞도록 있어야 할 자리에 있는 상태를 말한다. 즉 획일적 통합이 아니라, 다양성 속의 연합과 일치를 말한다. 성령은 바로 그 모든 것을 엮도록 도와주는 힘이며, 모든 것의 조화를 추구하는 힘이다. 예수 그리스도의 부활에 근거한 성령의 치유

---

39) 영국과 네덜란드 사이의 해상전쟁을 종식시키기 위해 1667년 브레다에서 열린 회의에 참석한 코메니우스는 그의 이러한 견해를 강력히 역설하였고 그의 "평화의 사자(Angelus pacis)"는 이러한 내용을 담은 선언문적 문서이다. Vgl. J.A. Comenius, "Der Engel des Friedens", *Ausgewählte Werke*, Bd. III., hrsg. von K. Schaller, (Hildesheim: Olms Verlag, 1976).

40) Uwe Voigt, "Comenius and the Experiences of the 20th Century," *Comenius und der Weltfriede. Einblicke in das friedensfördernde Werk eines europäischen Weltbürgers*, hrsg. von Werner Korthaase, Sigurd Hauff, (Berlin: DCG-MS Drucke, 2001), 52ff.

적 힘은 우리로 하여금 하나님과 인간과 자연과의 깨어진 관계를 회복하여 준다.

코메니우스는 이미 시대적으로 상당히 앞서서 소우주와 대우주적 상호 연관성을 말함으로써 생태파괴적, 제국주의적, 폭력주의적인 세계의 현실 앞에 노출된 우리의 신학과 사상을 교정할 수 있는 대안적 내용을 제시하여 주고 있는 것이다.[41] 이미 수백년 전에 정립되었던 그의 신학은 오늘 우리의 현재적 모습을 교정하게 하고 미래를 향한 생태환경적 위기를 극복하기 위한 대안적 해법찾기에 꼭 고려되어야 할 길잡이의 역할을 한다.[42]

7. "세상의 미로와 마음의 낙원"

30년 전쟁이 발발하자 쫓기고 숨어 지내면서 살던 상황에서 1623년 코메니우스가 저술한 책이 바로 "세상의 미로와 마음의 낙원(Labyrinth der Welt und Paradies des Herzens)"[43]이다. 개신교 신앙을 고백하고자 신앙의 순례길을 나섰던 보헤미아 개신교도들이 다른 것은 몸에 지니지 못

---

41) Cf. Klaus Schaller, "E Labyrinthis exitus in planum", *Zwangzig Jahre Comeniusforschung in Bochum*, (St. Augustin: Academia, 1990), 169.

42) 코메니우스는 생태친화적 사상으로 시대를 앞선 선구자였을 뿐이 아니라, 그의 통전적, 포괄적, 연합적 사상은 세계의 교회 연합체인 세계 교회 협의회뿐 아니라, 20세기에 들어와서 국제적인 연합기구(UN), 국제 교육과학 문화기구(UNESCO), 혹은 국제 사법재판소(ICJ) 등의 설립에 방향성을 제시하여 줄 수 있었다. 특히 오늘날 학문의 영역에서 가장 핵심적 주제어가 되는 학제간 융합, 학문간의 통섭에 대한 기초 이론은 이미 코메니우스에게서 찾아 볼 수 있다.

43) J.A. Comenius, *Labyrinth der Welt und Paradies des Herzens. Roman*, (Burgdorf: A-und-O-Verlag, 1992).

하였어도 그들의 성서 번역본인 크랄리체 성서(Kralitzer Bibel)와 함께 이 책을 꼭 간직하며 다녔다는 것은 이 책의 중요성을 가히 짐작케한다. 이 책은 라틴 교부 어거스틴의 "하나님의 도성"과 비슷한 유형의 책으로써, 코메니우스의 실제적 역사적 경험과 신앙의 내용을 은유와 상징의 언어로 소설화한 것이다. 혼돈과 착취, 기만과 비애와 절망등과 같은 미로로 가득한 세상과 참 빛이신 예수 그리스도로부터 얻게되는 기쁨과 자유, 행복이 가득한 마음의 낙원을 대비적으로 묘사한다.

"이 곳에 있는 모든 것이 세상과는 대비가 된다. 세상에서 나는 그 어디에든지 맹목과 어두움을 보지만, 여기에 밝은 빛이 있다. 세상에는 기만이 있지만, 여기에는 진리가 있다. 이 세상은 무질서로 가득하지만, 여기에 가장 고결한 질서가 있다. 이 세상에는 광란이 있지만, 여기에 고요함이 있으며, 세상에는 걱정과 문제가 있으나, 여기에는 기쁨이 있다. 세상에는 부족함이 있지만, 여기에는 풍족함이 있다. 이 세상에는 종속과 억압이 있지만, 여기에 자유가 있으며, 이 세상에서는 모든 것이 힘들지만, 여기에서는 모든 것이 용이하다. 세상에는 어디든 슬픈 사고들이 있지만, 여기에는 안전함이 있다."[44]

책의 서두에 인용된 전도서 1장 14절의 말씀은 이 책의 방향성을 가늠하게 한다. 언뜻 보기에 이 책은 미로로 가득한 이 세계로부터의 도피, 염세주의, 체념, 회의주의의 색채를 가득 지닌 듯하다. 그러나 그러한 단계에 머무는 것이 아니라, 예수 그리스도의 빛에 의해서 힘을 얻어 마음의 낙원으로부터 다시 적극적으로 이 세계의 미로 속으로 뛰어들어가라는 메시지를 담고 있다. 세상의 미로 속에 그냥 빠져 허우덕대는 것만도 아니고, 그 반대로 마음의 낙원에만 머물러 '여기가 좋사오

---

44) J.A. Comenius, a.a.O., 159. 이러한 대비를 어거스틴으로부터 루터에게로 이어지는 두 왕국론적 이원론과 동일시 하는 것은 너무나 성급한 판단이 될 것이다.

니…' 하는 식으로 도취되어 있어서도 안되는 것이다. 어느 한 쪽으로 취우치는 위험성을 경계하여야한다.

코메니우스의 신학사상은 바로 "영원의 관점에서(Sub specie aeternitatis)" 이해해야 한다. 그가 말하는 희망은 몽상적 유토피아주의나 근대 계몽주의의 낙관주의가 아니라, 하나님 나라의 빛, 새롭게 하시는 예수 그리스도(Christus Renovator)에 의해 드러난 계시의 빛에 근거한다.45) 이와같이 샘솟는 희망을 "은혜의 낙관주의" 혹은 그리스도교적으로 자리매김한 희망46)이라 할 수 있겠다. 바로 이러한 신앙과 신학의 자세는 그로 하여금 체코 종교개혁 전통의 귀중한 유산인 "세계의 상태는 변화된다.(Status mundi renovabitur)"라는 구호를 온 몸으로 받아들이도록 하였다.

코메니우스가 말하는 삶 속에 구현되는 경건, 구원자 예수 그리스도와의 친교를 통한 경건생활은 중세적 "명상과 관조의 삶(vita contemplativa)"을 강조하던 세계 도피적 영성 생활과는 전적으로 다른 것이다. 이것은 종교개혁자들이 강조한 "능동적 삶(vita activa)"을 통한 영성이며, 이 세계 한 복판 자기의 삶의 자리를 구체적으로 하나님께 영광을 돌리는 무대(Theatrum gloria dei)로 삼고 사는 경건생활을 말한다. 때문에 이러한 경건의 삶이란, 일시적으로 기도원에 들어가 현실문제를 망각하며 기도에 전념하는 것으로 만족하는 것이 아니라, 세상 가

---

45) 계몽주의 시대의 가장 중요한 상징어인 빛은 인간 내면에 존재하는 빛이었다. 그것을 교육을 통하여 무한히 끄집어내고 발전시킬 수 있다고 본 것이 계몽주의 시대적 교육철학이었다고 한다면, 코메니우스는 계시와 이성, 자연의 상관관계성을 중요시한 것이었다. 즉 인간 내면의 빛의 중요성을 인정하지만, 하나님으로부터 인간에게 향하여진 빛의 가치를 또한 경시하지 않았다. 참고: 죤 아모스 코메니우스, 『빛의 길』, 이숙종역, (서울: 여수룬, 1999). 이 내용은 코메니우스의 신학과 교육철학과의 관계를 이해하는데 결정적으로 중요하기 때문에 좀 더 세밀한 분석과 연구가 요청되며, 차후의 연구과제로 남겨둔다.

46) Vgl. J.M. Lochman, *Comenius*, 55.

운데의 삶 자체가 언제나 기도와 분리되지 않는 형태, 즉 세계내적 경건생활을 말한다. 이것은 자신의 내면으로만 침잠하는 경건이 아니라, 자신과 사회의 개혁을 지향하는 경건성을 지닌다. 이는 예수 그리스도를 통한 자신의 거듭남이며, 예수 그리스도와 함께 세상으로 나아가서 세상을 변화시키는 거듭남이다.

8. 나오는 말

"사람만이 희망이다." 이 문귀는 인문주의의 표제어가 아니라, 박노해 시인이 감옥에 있었을 때 작성한 수필집[47] 제목이다. 희망을 말하기조차 민망한 우리의 사회적, 역사적 현실 앞에서 이 시인의 말은 상당히 역설적으로 여겨진다.

"사람 속에 들어있다.
사람에서 시작된다.
다시
사람만이 희망이다."

도대체 어떠한 근거로 사람을 희망의 근거로 보는 것일까? 운신하기도 버겁게 좁은 공간에서, 사람의 자유와 해방을 문자 그대로 앗아간 공간에서, 그래도 인간을 긍정할 수 있으며 온 몸으로 희망을 노래할 수 있었던 힘은 무엇일까? "사람만이 희망"이라고 노래하는 시인 박노해는 그가 희망을 포기하지 않는 이유를 세상과 인간에 대한 또 다른 사랑의 방식을 깨달았기 때문이라고 한다. 그가 말하는 희망과 비록 근

---

47) 박노해, 『사람만이 희망이다-박노해의 새벽에 길어올린 한 생각』, (서울: 해냄, 1997).

거는 달랐다고 하더라도, 세상과 인간을 끌어안고자 하는 긍정적 모습은 이 글에서 소개한 얀 아모스 코메니우스에게서도 역설적으로 보여진다. 코메니우스는 희망을 포기하지 않았기 때문에 세상과 인간을 오히려 사랑할 수 있었던 것이다.

개신교의 신앙을 고백하고자 자기의 모든 것을 희생하여만 하였던 신앙의 선배 코메니우스의 삶과 외침은 우리 신앙생활의 안일함과 편의주의에 경종을 울리기에 부족함이 없을 것이다. 소위 보수적인 신앙인들은 "천상의 본향"에 대한 수동적인 열망을 자주 언급하는 반면, 소위 진보적인 신앙인들은 "하나님 나라를 이 땅위에 건설"하자는 능동적인 표현을 자주 사용하는 것을 필자는 듣게 된다. 한편에서는 역사적 현재보다, 미래지향적 사후 구원세계를 갈망한다면, 다른 한편에서는 현재 지향적 사고로부터 하나님 나라를 마치 우리의 노력으로 성취하는 대상으로 간주하는 것이다. 코메니우스는 이러한 두 갈래의 길에서 제 3의 방향을 제시한다. 그것은 바로 세상의 미로로부터 마음의 낙원에 이르는 것이며, 또한 마음의 낙원으로부터 세상의 미로로 다시 나아가는 변증법적 발걸음이다. 우리는 하나님 나라의 도래에 궁극적인 희망을 두고, 그 하나님 나라를 맞을 준비를 하며 이 미로로 뒤엉킨 세상가운데 살아가는 것이다. 그 하나님 나라는 우리가 건설하거나, 우리의 윤리적 노력의 결실체가 아니다. 전적으로 주권이 하나님에게 있는 "새 하늘과 새 땅"이다.

이러한 희망가운데 코메니우스는 살았기 때문에, 어떠한 경우에서든지 절망은 하나님을 모독하는 것이라 본다. 그래서 실제로 그의 삶은 절망과 좌절의 연속이었을지라도, 끊임없이 희망을 꿈꾸며 부단히 그의 삶의 과제들을 수행해 나갔던 것이다. "세상은 그에게 희망을 주지 않았다. 그러나 희망은 그에게 세상을 주었다."[48)] 세상은 우리에게 희망을 주는 것만은 아니다. 그러나 희망은 우리에게도 세상을 주었다. 그리고 무엇보다도 오늘도 여전히"세계화의 덫"[49)]에 걸린 한국을 주었다.

루터의 종교개혁보다 더 한층 심도있게 후스에 의하여 일어났던 "제 1의 종교개혁"의 유산은 소외되고 억눌리고, 신음하는 피조물 전체에 대한 돌봄을 기본전제로 하였다. 때문에 이 "제 1의 종교개혁"은 포괄적 의미에서 해방적 신학의 기반이 된다고 하겠다. 후스를 추종한 후스파 가운데 복음을 널리 전하고 애쓴 많은 여성들이 있었던 것이나, 코메니우스가 성별과 신분의 차이를 넘어 모든 인간에게 교육의 기회를 부여했던 것을 굳이 들추지 않더래도,[50)] 이 "제 1의 종교개혁"은 또한 여성해방신학의 내용을 이미 포함하고 있다고 본다. 이것은 여성해방신학을 단지 여성만의 해방을 도모하는 것이 아니라, 현재의 문화와 종교에 대한 건설적 비판을 통하여 인간과 피조물의 온전한 회복을 추구하는 것으로 이해할 때 더욱 그러하다. 인간의 잘못된 지배체제, 무의미한 권위주의, 힘과 권력의 남용과 탐욕에 맞서, 성서가 증언하

---

48) J.M. Lochman, a.a.O., 56f.

49) 참고: H.P. Martin/H. Schmann, *Die Globalisierungsfälle*, (Hamburg: Rororo 1996), 강수돌역,『세계화의 덫』, (서울: 영림카디널, 1996).

50) 후스파 운동에서 여성들의 역할은 굉장히 중요한 것이었다. 이들은 설교가, 투쟁가, 순교자로 활약하였다. 후스파에 대한 로마 교황청의 조사문헌 가운데, 후에 교황을 지내기도 한 Pius II (Aeneas Silvius Piccolomini)는 이 여성들이 성서의 복음을 로마의 교황보다 더 근본적으로 잘 이해하였다고 보고서를 제출하였다. 또한 보헤미아 동포단에서는 많은 수의 여성들이 저작자, 인쇄기술자, 출판자, 재정적 후원자로서 활약하였다. 보헤미아 동포단에서는 특히 여성에 대한 교육이 강조되고 중시되었다. 여기에는 많은 수의 여성들이 선생님으로 활동하기도 했는데, 이들은 미혼여성이거나 과부인 경우가 많았다. 여성장로도 있었는데, 이들은 특히 여신도를 위한 목회를 담당했다. 가톨릭의 종교개혁시기에 이 여성들은 가정에서 자라나는 자녀들에게 몰래 성서를 가르치고 복음을 깨닫게 돕는 등등, "제 1의 종교개혁" 전체적으로 여성들은 상당히 중요한 역할을 감당했다.

는 복음의 진리를 통하여 인간성과 자연의 회복을 돕는 것이 이 시대의 신학이 지향하는 것이라면, 우리는 코메니우스를 통해 이어진"제 1의 종교개혁"의 유산들 속에서 우리 신학을 위한 디딤돌이 되는 보물들을 어렵지 않게 찾을 수 있을 것이다.[51]

---

51) Vgl. J. Smolik, "Zur Aktualität der ersten Reformation heute", *Die erste Reformation*, hrsg., von M. Stöhr u.a., (Frankfurt am Main: Haag + Herchen, 1987), 101f.

03

헤른후트 공동체의 생성과 발전

1. 들어가는 말

신앙인의 유형은 아주 여러 형태로 나뉘어진다. 개인의 신앙생활에만 침잠해 있는 사람이 있는가 하면, 적극적으로 사회의 개혁을 꿈꾸면서 개인의 개혁을 사회 공동체의 변화와 개혁과 연관시키는 사람들이 있다. 이것은 후스로부터 이어지는 헤른후트 공동체의 신앙인들 사이에서도 마찬가지로 드러나는 현상이었다.

우리나라는 오랫동안 동구 유럽 국가들과 외교적 단절관계에 있었고 우리 교육의 내용도 반공주의적으로 길들여져 있었기 때문에, 체코 종교 개혁의 유산과 그 신학적 특성에 대하여 접할 기회를 제대로 갖지 못하였다. 이 짧은 소논문에서 필자는 후스와 코메니우스로부터 비롯된 헤른후트 공동체의 성립과정과 진첸도르프와의 연관성, 그 선교적 활동에 대하여 간략한 형태로 소개하고자 한다. 체코의 종교계를 대표하는 인물 얀 후스와 얀 아모스 코메니우스는 비단 체코에서만 영향력을 발휘한 것이 아니다. 이들의 삶은 인간적인 척도로 볼 때 결코 순탄하거나 평온하지는 않았지만, 시대와 지역을 넘어 광범위하고 선한 영향력을 끼칠 수 있었던 질적 가치를 지녔다. 오늘날 전 세계적으로 헤른후트 공동체의 숫자가 많지는 않다. 그러나 이들이 역사적으로 성취하여 왔고, 이 전통을 이어나가는 신앙인들의 삶의 양상을 살펴본다면, 루터적 독일주의나 츠빙글리와 칼빈적 개혁주의와는 또 다른 신앙 유형과 그 파급효과를 찾아볼 수 있겠다.

2. 보헤미아 동포단의 유래[1]

1415년 후스가 부당하게 처형된 이후 후스의 추종자들은 그 뜻을 굽히지 않고 그 정신과 사상을 여러 형태로 이어나갔다. ① 하나님 말씀의 자유로운 선포권, ② 두 가지 종류의 성찬, 즉 평신도들의 성배, ③ 사제들의 청빈과 교회재산의 환속, ④ 성직매매를 포함한 공적 범죄 처벌을 골자로 하는 네 개의 프라하 헌장을 마련하여 비교적 온건한 개혁을 추구했던 양형론자들(Utraquisten)은 급진주의적 성향을 지닌 타보르파(Taboriten)와 신학적, 개혁적 접근 방법에 차이를 보이면서 내부적인 갈등을 겪은 뒤에 이 두 그룹의 성격을 포괄하는 모임이 1457년에 생겨나게 되었다. 이것이 동포애를 바탕으로 개신교 신앙을 고백하는 보헤미아 동포단의 기원이 된다. 유럽 각지로 퍼져나간 이들은 경건주의 운동의 모태가 되었으며, 이들에 의해 전인적 교육을 통한 인류 평화에 기여하는 근대적 의미의 교육체계가 세워지게도 되었다.[2]

3. 진첸도르프와 헤른후트 공동체의 성립[3]

경건주의는 필립 야콥 스페너(Philip Jakob Spener)와 아우구스트 헤르

---

1) 이 논문은 다음의 논문을 수정, 보완한 것이다. 정미현, "경건과 실천의 조화-헤른후트 공동체의 유래와 관련하여", 『말씀과 교회』, (서울: 한국 기장신학 연구소, 2005), 71-86.

2) "제1의 종교개혁" 각주 41과 46 참고.

3) 이 주제에 대한 아주 자세한 자료는 다음의 책을 참고: *Zinzendorf und die Herrnhuter Brüder. Quellen zur Geschichte der Brüder-Unität von 1722 bis 1760*, hrsg. von Hans-Christoph Hahn und Helmut Reichel, (Hamburg: Friedrich Wittig Verlag, 1977).

만 프랑케(August Herrmann Francke)를[4] 주축으로 하여 17, 18세기 독일에서 비롯된 그리스도교 소종파운동으로써, 이 영향으로 개신교의 선교활동이 활발히 전개되기에 이른다. 한편 이 경건주의는 스페너를 대부로 모셨던 니콜라우스 루드비히 진첸도르프 백작(Nikolaus Ludwig von Zinzendorf 1700-1760)에게 지대한 영향을 끼친다. 니콜라우스 루드비히 진첸도르프(Nikolaus Ludwig Graf von Zinzendorf)는 1700년 5월 26일 독일의 드레스덴에서 한 귀족집안의 아들로 태어났다. 그런데 그의 아버지 게오르크 루드비히 진첸도르프(Georg Ludwig Zinzendorf)는 그가 태어난지 6주 만에 별세하였다. 그의 어머니 샤롯테 유스티나 폰 게르스도르프(Charlotte Justina von Gersdorff)는 진첸도르프가 4세 되었을 때 재혼을 하여 베를린으로 떠났고, 진첸도르프는 그의 할머니(Henriette Katharina von Gersdorf 1648-1726)의 품안에서 자라났다. 그의 할머니는 당시 독일 경건주의를 주도하고 있던 스페너의 적극적인 후원자였으며 그녀의 경건한 신앙생활의 모습은 진첸도르프에게 결정적 영향을 미친다. 그가 세례를 받을 때 스페너가 대부가 되어주었기도 했지만, 또 할머니의 적극적인 후원으로 스페너는 진첸도르프 집안과 아주 밀접하게 지내면서, 집에도 자주 방문하여 진첸도르프에게 영적인 가르침을 전하여 주었다.

이러한 할머니의 신앙적 영향으로 진첸도르프는 어린 시절부터 예수 그리스도에 대한 열정과 사랑으로 가득 차 있었는데, 이러한 열망을 품고 이미 15세 되던 때에 세계 선교에 대한 비젼을 일찍이 꿈꾸어왔다. 그래서 다른 소년들과 '겨자씨 선교회'를 조직하기도 하였다. 이 선교회에서 이들은 그리스도교적 형제애를 갖고 복음전도를 하러 온 세

4) 아우구스트 헤르만 프랑케와 진첸도르프와의 관계성에 대해서는 다음의 논문을 참고: 이성덕. "친첸도르프와 할레 경건주의." 『한국교회사학회지』 제 22권 (2008):1-15.

상으로 나아가고 인류에 대한 사랑을 서약하기도 했다. 이와 유사한 기도모임을 그는 적극적으로 조직하고 확산하였다. 한편 영적으로 충만하고 자신과 함께 선교와 전도에 헌신할 배우자를 찾던 중 진첸도르프는 22세 되던 때에 7세 연상인 로이스(Erdmuth Dorothea Gräfin von Reuss)와 결혼하여 가정을 이루었다. 법률학을 공부하고 난 뒤 독일 드레스덴의 관리로 활동하던 중 모라비아에서 신앙의 자유를 찾아 나온 사람들과 만나게 된다. 보헤미아와 모라비아에서 신앙의 자유를 찾아 피난 온 이들이 진첸도르프가 백작으로서 소유관할하고 있던 오버라우짓츠(Oberlausitz) 지방의 베르텔스도르프(Berthelsdorf)라는 곳으로 이주해 오게 되는데, 이 때 진첸도르프는 이 피난민들에게 자신의 영지인 이 땅을 은신처로 제공하여 주었다. 그래서 그가 이들에게 1722년 제공하였던 헤른후트(Herrnhut)의 지명을 따라 헤른후트 공동체라는 이름이 생긴 것이고, 또한 체코의 지형이름을 따라 모라비아 교회라는 명칭도 아울러 사용되었다.[5] 종교개혁적 복음이해 때문에 고향에서 쫓겨난 이 사람들에게서 진첸도르프는 깊은 감명을 받는다.[6] 이들의 신앙형태에 감동받은 것을 계기로 진첸도르프는 평생을 헌신할 삶의 방향과

---

5) 이렇게 해서 보헤미아 동포단이 은신처를 마련하게 된 이 땅을 "주님의 모자"(의역하면 '주님이 보호하시는 곳'을 의미한다)란 의미의 헤른후트(Herrnhut)라고 부르게 되고, 헤른후트 동포단이란 명칭도 여기서 유래하게 된 것이다. 진첸도르프의 허락 하에 삶의 터전을 마련할 수 있었던 이들에게 1722년 6월 17일은 아주 중요한 의미를 지닌 날이다. 목수였던 크리스티안 다비드(Christian David)가 집을 지을 나무를 베고 공사를 시작하였던 날이기 때문이다. 이렇게 신앙과 생활공동체를 이루며 살던 헤른후트에 자리잡은 사람들은 어느 정도 적응하고 독립적 삶을 유지할 수 있게 되자 세계 곳곳으로 퍼져나가서 억눌림이 있는 곳에 자유와 해방의 말씀을 선포할 수 있게 되었다. 초창기에 이곳에 자리 잡은 사람들은 약 300여명 정도 되었다고 한다. 이들이 선교를 위하여 떠나고 난 자리는 또 새로 신앙의 자유를 찾아 온 사람들에게 내어 주었다.

6) Vgl. D. Meyer, "Zinzendorf und Herrnhut", *Geschichte des Pietismus. Der Pietismus im 18. Jahrhundert*. Bd. 2., hrsg. von M. Brecht(u.a.), (Göttingen: Vandenhoeck & Ruprecht, 1995), 8.

목표를 찾게 된 것이었다. 이들에게 자신의 영지를 내어 주었지만, 실제적으로는 진첸도르프가 이들의 영적 충만함에 도움을 받은 것이었다. 이후 진첸도르프는 코메니우스의 책을 통해 보헤미아 동포단의 역사를 더 구체적으로 배우게 된다.[7)]

1731년 덴마크의 왕 크리스챤 4세의 대관식에 참석했던 진첸도르프는 그곳에서 서인도제도에서 온 어떤 흑인과 그린랜드에서 온 두 명의 에스키모인을 만나게된다. 그런데 이들은 선교사를 간절히 필요로 하고 있었다. 이들과의 만남을 통해 선교에 대한 열정이 새롭게 불타오른 진첸도르프는 헤른후트로 돌아와 사람들에게 이렇게 간절한 선교적 요청을 설명하고 사람들의 반응을 살폈는데, 굉장히 호응이 뜨거웠다. 이를 계기로 선교사의 파송이 이루어졌고, 이들은 낮에는 원주민들과 혹은 노예들과 같이 일하였고 온갖 어려움을 함께 견디어 냈으며, 인내와 헌신으로 사람들을 섬겼고, 밤에는 성서의 내용을 전달하였고 경건한 신앙생활로 인도하였다. 이것이 이들의 세계선교로의 디딤돌이 되었고 이후 유럽 개신교 안에서 가장 영향력있는 선교기관을 이루어내게 되었다.

경건주의적 신앙의 열정이 가득했던 진첸도르프는 재산과 목숨을 내어 놓으면서 까지 헌신적으로 예수 그리스도를 섬기고자 하였으나 주위의 시기와 비난을 많이 사게 되었고, 결국 1736년에는 고향에서 추방당하기에 이른다. 이를 계기로 그는 세계 각 곳에 파송된 선교사들을 찾아가서 위로하며 복음을 전파하는 기회로 삼았다. 모라비아 선교회의 선교 사역은 여러모로 모범적인 모습을 보이는데, 양적 성장보다는 질적 성장이 이들이 이루어낸 큰 업적 가운데 한 가지이다. 세계

---

7) D. Meyer, a.a.O., 28.

각국으로 흩어졌을 뿐 아니라, 이들의 이러한 흩어짐은 곧 세계의 선교를 의미하는데 유럽의 영국, 독일, 스위스, 네덜란드, 중남미 서인도제도, 북아메리카, 탄자니아를 비롯한 아프리카 국가 등 다양한 지역에서 활동하였던 이들에 의하여 수많은 사람들이 모라비아의 선교사역을 통해 변화되었다. 1734년 루터교에서 안수 받았던 진첸도르프는 미국 펜실베니아에서 인디언들을 위한 목회와 교회연합 운동을 위해 한 때 모라비아 감독직을 내려놓고 루터교회 목사로 일하기도 했지만, 결국 루터교가 진첸도르프의 초교파적 노력을 이해하여주기 쉽지 않았기 때문에 이후에는 오히려 모라비아 교회 육성에 전념한다. 1747년 진첸도르프에게 내려졌던 추방령이 철회되었으나 진첸도르프는 세계 곳곳을 찾아 선교사역을 이어나갔고, 교단의 연합을 위하여 일하였다. 첫 번째 부인과 사별후 그는 1757년 두번째 부인 안나(Anna Nitschmann)와 재혼하였는대, 3년 뒤 1760년 자신이 이룩한 헤른후트 영지에서 60세의 나이로 별세하여 그곳 공동체 묘지인 "하나님의 밭(Gottesacker)"에 안장되었다.

헤른후트 공동체인들은 무엇보다도 신앙생활에 모범을 보인 사람들이었고, 삶과 신앙의 불가분리적 통일성을 이루어나간 공동체였다. 예수 그리스도를 구원자로 중심에 모시고 마음의 경건성을 삶가운데 실천하는 것이 이들에게 가장 중요한 관건이었다. 이들의 공동체는 이러한 신앙의 모습을 실현하는 가장 구체적 자리가 되었던 것이다. 즉 그것은 예배적 삶, 목회상담적 실천, 섬김과 봉사, 새로운 공동체의 형태를 실현하는 자리였다.

이들의 경건한 삶의 태도와 열정적 선교의 자세는 이후 19세기 개신교 선교에 모범이 되었고, 특히 존 웨슬리를 통하여 감리교에 중요한 영향을 주게 되었다. 웨슬리는 영국에서 미국으로 선박 여행 중에 큰 풍랑을 만나게 되었는데, 모두가 죽음의 위협 앞에 크게 동요하게 된 때에 헤른후트 공동체 교인들이 조용히 찬송을 부르며 담담히 대응하여 배에 탔던 모든 사람들이 평정을 찾고 무사히 항해를 끝낼 수 있었다. 이후 웨슬리는 이렇게 죽음 앞에서도 신앙으로 인하여 담담했던 이들에게 크게 감명을 받았다. 그리고 죽음의 공포를 느끼던 자신과는 달리 자제력 강한 모라비아 평신도들과 이들의 신앙자세에 호기심을 갖기 시작했다. 이 때 이후 그는 헤른후트 공동체의 신앙적 유산과 전통에 관심을 크게 기울여서 감리교의 발전을 이루는 토대로 삼았다는 이야기도 우리에게 잘 알려지지 않은 중요한 일화 가운데 한 가지이다.[8)]

신앙의 자유를 찾아 피난온 이들은 헤른후트에서의 정착 후 활발한 선교활동을 펼쳐나가게 되는데 아프리카, 인디아, 남「북아메리카 등의 광범위한 지역을 그 대상으로 하였다.[9)] 유럽내에서도 헤른후트 공동체는 꾸준히 확산되어 독일어권 스위스와 독일, 프랑스, 네덜란드, 스웨덴, 덴마아크 지역에 광범위하게 분포되어 있다. 일상적 삶 가운데에서의 경건성, 목회 상담과 상호적 돌봄, 공동체성에 대한 강조는 이들의 주요 특성이다. 또한 이들 나름대로의 교단적인 정체성을 지니고 있으나, 스위스와 독일의 개신교 국가 교회들과도 상호적 협력관계 안에서 신앙생활을 하고 있다.

성서는 헤른후트 공동체의 삶의 중심에 자리하며, 신학적으로 고대의 사도신조와 종교개혁의 신조들, 또한 1934년의 바르멘 선언이 중추적 역할을 했다. 헤른후트 공동체의 신앙지침서와 교회력에 따른 매

---

8) 김홍기,『존 웨슬리 신학의 재발견』, (서울: 대한그리스도교서회, 1993), 37.

9) 설립 초기부터 선교에 역점을 두었던 헤른후트 공동체는 2001년부터 새롭게 국제적 체제로 전환된 교육, 선교기관인 스위스 미션 21(www.mission-21.org)의 연합체에 합류함으로써 기존의 선교의 문제성을 보완하며 21세기 선교의 의미와 방법을 재정의하면서 신학적, 실천적 활동을 하고 있다.

일성경 묵상집은[10] 특히 전 세계적으로 널리 퍼져있는 특기할 만한 중요한 신앙적 훈련을 위한 묵상집이다.[11] 이것은 교파를 초월하여 널리

10) 전통적으로 헤른후트 공동체에 속한 사람들은 매일 모여 함께 찬양을 부르는 시간을 가졌다. 진첸도르프는 이곳에서 평신도 사역자의 역할을 감당했다. 1727년 성찬식에서의 특별한 성령체험과 화해의 체험을 계기로 이들은 그리스도 안에서 형제와 자매가 되기로 하고 함께 공동체 생활을 시작하였다. 이렇게해서 그리스도 안에서 형제와 자매가 된 이들이 인근 마을 사람들의 집을 방문하면서 매일의 구호가 되는 말씀을 전하고 신앙생활에 대한 대화를 나누게 되었다. 다양한 체험들을 나누는 이러한 과정은 서로를 더욱 믿음 안에 굳게 서게 하며 풍성한 열매를 걷게 해 주었다. 하나님의 말씀에 대한 묵상과 그 신앙적 경험을 함께 나누는 것이 이들에게는 아주 중요하였다. 진첸도르프는 매일 아침 그 날에 해당되는 성서 말씀을 묵상함으로써 하루 안에서의 영적 투쟁을 이어나가도록 이러한 말씀 묵상집을 만들어 낸 것이다. 평신도 지도자였던 진첸도르프는 하루를 살아가기 위한 신앙적 지침이 되는 이러한 구호를 마련하였는데, 신약, 구약의 성서 한귀절과 짧은 기도문을 엮은 이 묵상집은 삶에 위로가 되는 말씀이자, 그날 해야 될 의무를 일러주는 지침서가 되어 주었다. 이렇게 매일 읽는 말씀을 로중엔(Losungen)이라 부른다. 매일 묵상할 성경 구절을 기도가운데 특별히 선별된 위원들이 뽑아서 엮은 책이다. 성서문구와 번호가 적혀있는 종이에서 제비뽑기를 통하여 선별하여 성서가 주는 그 날의 말씀을 준비하는 것이다. 3년 주기로 구약성서가운데 1600개의 구절을 우선 제비로 뽑아내고(Los) 그에 맞는 신약성서의 성구를 찾아 넣어 묵상집(Losungen)이 완성된다. 이 책은 1731년부터 발행되기 시작하였고 현재 50여개 언어로 번역되어 전 세계로 보급되고 있고 매일 읽혀지고 있다.
참고: http://www.losungen.de

11) 매일 매일을 위하여 뽑혀진 성서 말씀을 모은 책인 로중엔은 군대에서 사용하는 암구호와 연관이 되어 있다. 육안으로 상대방을 확인할 수 없는 야간전투 등에서 아군을 식별하기 위한 수단으로, 매일 바뀌는 문답식으로 사용되는 짧은 비밀단어를 암구호라고 한다. 여기에는 두가지 형태가 있었다. 일반 병사가 아니라, 지휘자들에게만 알려지는 구호와 이외에도 일반병사들에게 알려지는 암구호가 있다. 지휘자들에게만 요구되는 암구호와 달리 이 야전구호는 일반 병사 모두에게 알려지기 때문에, 모두가 알고 있어야 한다. 이 말씀 묵상집이 등장하게 되었던 초창기에 헤른후트에서는 실제로 주님이신 예수 그리스도에 속하여 있다는 것을 알리는 표식의 말씀이 전날 밤 집집이 전하여 졌다. 그래서 그 말씀은 삶의 지침과 목표가 되는 것이어서 시간을 남에 대해 흠집내는 말이나 쓸데없는 잡담으로 보내는 것 대신에 말씀을 묵상하여 그 뜻을 음미하고 파악하도록 되어 있었다. 진첸도르프는 초창기에 아주 특별한 목표를 설정하고 그러한 말씀들을 골라 내었다. 예를 들어서 이사야서에만 집중해서 말씀을 선별한 적도 있었다. 말씀을 선별하는 과정이 체계화되고 조직화된 것은 아주 후에 일이었다. 한동안은 구약성서가 그 날의 말씀으로 선정이 되고 신약성서의 말씀은 구약성서에서 뽑혀진 말씀을 해설하는 내용으로 두 권으로 분리되어 편집되기도 했다. 진첸도르프 사후에 말씀을 선정하는 과정에서 위원들 사이에 일치점과 합의점을 찾기 힘들 때 점차로 뽑기의 방법이 도입되었다. 이러한 방법의 도입으로 하나님의 말씀이 더욱 분

전파되어 있다. 실제로 오늘날 많은 유럽의 그리스도교인들은 매일 아침을 이 성경 묵상집을 통하여 명상과 기도로 시작하기도하며, 이들에게서 유래된 노래집, 기도집, 시집이 다양하게 활용되고 있다.

4. 헤른후트 공동체의 신학적 특성들

1) 종말론적 희망

헤른후트 공동체의 신학적 특성은 모두 얀 후스와 얀 아모스 코메니우스에게서 유래한 것이라고 해도 결코 과언이 아니다. 이들에게서 가장 두드러진 신학적 특성을 들라면 그것은 종말론적 희망일 것이다. 이 말은 세상 도피적 영성을 말하는 것이나, 현실의 문제를 외면하는 일시적 엑스타시를 추구하는 것 혹은 마르크스가 염려한 민중의 아편으로서의 종교적 특성을 뜻하는 것이 결코 아니다. 이것은 세상의 불의에 끊임없이 도전하고 응전하면서도 궁극적으로 하나님의 정의가 하늘에서와 같이 땅에서도 이루어질 것을 꿈꾸며 살아가는 신앙의 자세를 말한다. 때문에 세상과 교회의 두왕국론적 분리나, 세상과는 격리된 신앙과 교회의 형태를 철저히 거부한다. 이것은 이 세상의 미로로부터 하나님과의 만남을 통하여 마음의 낙원에 이르고, 그 마음의 낙원으로부터 다시 세상의 미로로 나아가는 길항작용을 뜻하는 것이다.

명하게 와 닿을 수 있다고 생각했던 것이다. 뽑혀진 말씀이란 그렇게해서 붙혀지게 된 이름이었다. 이렇게 하는 방법은 우리 인간이 말씀을 스스로 찾아내야 하는 것이 아니기 때문에 안도되는 것도 있다. 이 내용에 대해 자세히 설명해준 헤른후트 공동체 유럽감독인 폴거 슐츠(Volker Schulz)에게 감사한다.

2) 통합적 세계 이해

계몽주의적 근대의 주요 사상가들인 데카르트, 갈릴레오, 홉스, 로크와 같은 철학자들이 주객도식의 이원론에 빠져 상대주의적 가치를 무시했던 반면에 동시대의 인물 코메니우스는 창조 전체의 연관성에 매우 주목하였다. 다만 그의 소리가 전체 그리스도교 사상사의 흐름에서 크게 들려지지 못하였고 묻혀 버렸던 것이 문제였다. 합리주의 철학자 데카르트는 순수 사고를 중시한 반면, 코메니우스는 신앙의 경험과 계시의 진리들을 학문적 인식과 연결하여 보려는 시도를 하였다. 코메니우스는 데카르트와 비교하여 볼 때 자연, 우주와 인간의 조화를 추구하는 통전적 사고, 우주론적 이해를 추구하던 사상가였다. 인간과 자연을 주체와 객체로 분리한 데카르트의 사고는 이후 과학문명을 발전시킨 원동력이 되었으나, 자연파괴와 그 대가로 고통당하는 오늘의 현실에서 그의 사상에 근거한 그리스도교적 자연이해는 상당히 문제적이다. 그에 비하여 코메니우스의 생태학적, 우주론적 신학사상[12)]은 특히 데카르트 이후 왜곡된 그리스도교의 자연관을 바로 잡는 길잡이가 될 수 있을 것이다.

코메니우스가 그토록 강조하였던 온 생명의 상호 연관성의 중요성은 창조 위기에 직면한 현대 사회에서 비로소 데카르트적 주객도식의 사상과 대비되어 돋보이게 되었다. 코메니우스는 온 생명의 상호 연관성을 통한 세계 구조의 유기체적 이해를 촉구하였다. 따라서 인간이 자연을, 백인이 유색인을, 남성이 여성을, 부자가 가난한 자를 지배하는

---

12) Vgl. J.M. Lochman, “Der Mensch im Ganzen der Schöpfung. Zur Aktualität von J.A. Comenius”, *Neue Züricher Zeitung*, 21, März 1992, 70 und “Neuentdeckung eines unterschätzten Denkers”, *Basler Zeitung*, 22, Feb., 1992, 29.

위계적 체제가 아니라, 더불어 사는 창조의 조화와 평화를 더욱 강조한 것이다. 이와 같은 통전적 사유방식은 헤른후트 공동체를 지탱하는 기본 사상으로 자리하고 있다.

3) 인간의 구별이 아닌 차별에 대한 거부

루터의 종교개혁보다 더 한층 심도 있게 이 "제1의 종교개혁"은 소외되고 억눌리고 신음하는 피조물 전체에 대한 돌봄을 기본전제로 하였던 아래로부터의 개혁이라 평가할 수 있겠다. 때문에 이 "제1의 종교개혁"은 포괄적 의미에서 해방적 신학의 기반이 된다고 하겠다. "제1의 종교개혁" 가운데 평신도를 위한 잔의 분배문제가 가장 비중있게 부각되었던 것은 사제직과 평신도를 가르는 차별적 구조타파에 가장 중요한 역할을 한 내용이었다. 이것은 직분의 구별이 아닌 차별을 반대하였던 가장 핵심적 사건이었다. 또한 후스를 추종한 후스파 가운데 복음을 널리 전하고 애쓴 많은 여성들이 있었던 것이나, 코메니우스가 성별과 신분의 차이를 넘어 서서 모든 인간에게 교육의 기회를 부여했던 것은 특별히 주목받을 필요가 있다. 따라서 이들에 의하여 진행된 종교개혁의 유산은 인간이 인간을 지배하는 현실, 인간의 재능이나 성별에 따른 구별이 아니라, 차별에 대한 저항인 것이었다. 이러한 유산을 이어받은 진첸도르프 백작은 매우 일찍이 그리스도교 공동체 안에서 여성의 지도력을 인정하고 이를 촉구한 인물이었다. 1758년 5월 12일 헤른후트에서는 법적으로 독립된 교회 공동체 운동이 본격적으로 성립된다. 1745년부터 헤른후트 공동체에서는 집사, 장로, 주교의 세 형태 직분제가 실시되었는데, 1758년 5월 12일, 이 날 바로 역사적으로 남성들뿐만 아니라, 여성들도 장로직, 집사직에 임명되었다.[13] 특별히 주목할 만한 것은 진첸도르프 자신이 그 시대의 한계를 뛰어넘어 선구자적으로 세 명의 여성에게 장로직을 안수한 사실이다. 물론 여성의 역할이 교회 전체 치리보다, 목회상담, 봉사에 조금 더 집중된 한계가 없지 않으나, 진첸도르프는 처음부터 "제 1의 종교개혁" 사상에 부응하여 여남 평등 공동체의 실현에 주력하였다. 특히 여성의 말씀 선포권이 보장된 것은 굉장히 중요한 사실이다. 이러한 확신은 시간이 감에 따라 더욱 굳어져서 여성의 사제직을 인정하게까지 되었다. 진첸도르프 자신도 바울서신의 몇 가지 여성 편파적 내용을 알고 있었으나, 이것은 특수한 고린도 교회의 상황에 한정된 것으로 평가하고, 또한 바울이 아니라, 공동체의 중심은 예수 그리스도임을 지속적으로 상기시키면서 여남 공동체의 실현을 더욱 촉구한 것이었다. 이로써 헤른후트 공동체는 시작부터 여성의 교회내 지도력과 능력에 따른 하나님 말씀의 선포권을 통하여 여남 평등을 실현하였음이 주목되어야 될 것이다.[14]

4) 예수 그리스도 안에서 교회 연합의 추구

코메니우스는 그리스도교 교파간의 분열로 인한 전쟁으로 인간적인 고난을 온 몸으로 겪었기 때문에, 교회 일치와 연합을 위한 필요성을 그 누구보다도 역설하였다. 교파간의 특성은 인정되어야 하지만,

---

13) Vgl. Erika Geiger, *Nikolaus Ludwig Graf von Zinzendorf*, (Holzgerlingen: Hänssler Verlag, 1999), 278f.

14) 신대륙으로 퍼져나간 모라비아 교인들의 여성의식과 이 시기 유럽과 미국에서 드러난 젠더 문제에 대해서는 다음의 책을 참고: Aaron Spencer Fogleman, *Jesus Is Female: Moravians and Radical Religion in Early America*, (Philadelphia: University of Pennsylvania Press, 2007).

예수 그리스도 안에서 그러한 특성은 상대적인 것으로써 받아들여져야 하고, 본질적인 것은 예수 그리스도 안에서의 연합이다.

이러한 에큐메니칼 정신은 교회, 교파간의 적대성, 대립성을 지양하게 하고, 교회의 개혁운동을 끊임없이 추구하게 한다. 코메니우스는 16세기 종교개혁 1세대의 시기를 눈먼 사람이 고침을 받는 첫 번째 과정(막 8:22-24)으로 본 반면, 이러한 종교개혁을 완수해가는 과정을 눈먼 사람이 완전한 시력을 다시 회복하는 단계(막 8:24f)로 보았다.[15] 이러한 사상을 이어받은 헤른후트 공동체는 나름대로의 교파적 정체성을 유지하면서도 신학적으로 유럽의 국가 교회 체제에 부응하고 협조적 연대를 구축하고 있다.[16] 처음부터 교회연합을 중심적 과제로 삼고 출발한 헤른후트 공동체는 세계교회협의회, 유럽교회 연합회에 창립 단체였으며, 스위스와 독일 국가교회와 선교단체들과 아주 긴밀하게 신학적, 실천적 연대를 하고 있을 뿐 아니라, 자유교회들과도 활발한 교류를 통하여 다각적, 포괄적인 연합 운동을 펼치고 있다. 이들은 유럽 내에서 독립된 교단으로 존재하고, 그 정체성은 지니고 있으되 기존 교회 속의 일원으로 밀알처럼 활동하기 때문에 교회의 일치와 연합을 실천하는 모범적인 모습을 보여주고 있다.

---

15) J.M. Lochman, *Comenius*, (Freiburg: Imba Verlag, 1982), 50.

16) 이들은 체제전복적인 개혁이 아니라, 점진적이며 건설적인 개혁을 시도하는데, 한가지 구체적인 예로 현재 스위스에서 이들이 주관하여 확산된 대표적인 사업은 종교간의 협력 운동이다. 이러한 사업은 그리스도교와 이슬람의 첨예한 대립이 표면화되고, 또 이러한 갈등을 앞에 내세운 정치적, 경제적 이권 다툼으로 생겨나는 전 세계적 위기 앞에 대응하고자 하는 대안 운동이다. 다종교 시대, 다문화 시대에 협력과 상호 인정을 지향하는 것이 지구 북반구, 남반구 공히 구체적으로 실현해야 할 긴박한 과제이다. 이러한 협력과 공존이 자신들의 종교적 정체성과 신앙적 신념을 포기해야 하는 것을 결코 뜻하지 않으며, 종교 혼합주의를 주창하는 것도 아니다. https://www.haus-der-religionen.ch

5. 나오는 말

후스의 뜻을 이어받은 사람들로부터 형성된 보헤미아 동포단이 코메니우스의 지도력에 힘입어 결국 경건주의의 주춧돌을 놓게 되었고, 헤른후트 공동체의 형성으로 경건주의가 저변으로 확대될 수 있었다. 이들은 하나님과 나와의 관계만을 생각하는 수직적 관계성 안에서의 내적 경건뿐만 아니라, 수평적 관계성 안에서 이웃 공동체와의 조화로운 삶을 위한 사회 개혁으로써의 경건을 아울러 강조하였다. 오늘날 한국교회가 추구하는 영성운동을 이 경건주의 운동과 연관지어 보고자 하는데, 그 경건주의 운동의 중심부에 헤른후트 공동체의 경건과 실천의 모습이 있었다고 한다면, 개인과 사회를 구원하기 위한 후스와 코메니우스의 사상과 외침은 먼 나라의 진부한 옛 이야기가 아니라 오늘을 사는 우리에게도 필요한 것이라 생각된다.

그것은 성과 속을 분리하는 이원론적 배타주의를 추구하는 것이 아니라, 세계 내적 경건을 추구하는 포용주의적인 열린 신앙의 방법이었다. 이들이 중요시 하였던 공동체 의식은 이념과 종교와 인종의 차이를 넘어 더불어 사는 지혜가 더욱 강조되는 현 세계 상황에서 새롭게 강조될 필요가 있겠다. 성장과 세속의 성공의 논리와 기업의 운영방식이 그대로 목회에 적용되어 양적 팽창에만 더 관심하는 현재 한국 교회의 문제는 이미 오래 전부터 부각되어졌다. 다른 한편으로는 그리스도교에 대한 무관심과 끊임없는 폄하의 소리도 더욱 커지고 있다. 즉 양적 성장으로 인한 병폐에 대응해야 할 뿐 아니라, 젊은이들이 교회에서 사라짐으로 인한 숫적 감소현상과, 교회에 대한 무관심과 부당한 비난에도 대응해야 된다. 소비주의와 향락주의, 물질 만능주의등 외형적 가치에만 사로 잡혀 살아가는 현대인들에게 전하여야 할 진정한 그리스도교적 멧세지는 무엇인가? 어떻게하면 교회가 이러한 시대조류에 휩쓸려 버리는 것이 아니라, 오히려 대안적 가치를 전하여 주는 사명을 감당하며 "세계내적 금욕주의"를 회복할 수 있을 것인가?

복음은 우리 모두에게 향하여진 즐겁고 기쁜 해방의 소식이고, 그 소식을 독점하는 것이 아니라, 공유하고자 함이 종교개혁의 기본의도이다. 그리고 그러한 신앙의 에너지로 개인 뿐 아니라, 사회의 치유를 도모하고자 하였던 것이 인간의 이성적 가치만을 강조하였던 계몽주의적 사상에 맞선 경건주의 운동의 내용이었다. 양적 성장을 무시해서도 안 되겠지만, 그것만이 우선적으로 강조될 때 개혁교회는 그 본래적 가치를 상실하게 된다. 복음으로부터 새로운 힘을 받아 각 개인을 변화시키고, 이 세상을 외면하지 않으면서 하나님 나라의 궁극적 도래를 마주하며 불의가 지배하는 곳에 정의의 소리를 내면서 이 땅을 끌어안고 긍정적으로 변화하게 하는 것이 개혁교회의 유산을 받은 우리들의 삶과 신앙의 과제라고 할 것이다. 수세기전에 우리와는 삶의 여건이 다른 상황속에 살았던 신앙인들의 모습을 우리가 반복, 재현할 수는 없고, 그럴 필요도 없다. 그러나 그들이 따르고자 했던 신앙적 원칙과 기본은 오늘날 우리에게도 여전히 유효하다고 할 것이다.

04

여성과 경건주의

1. 들어가는 말

초기 그리스도교 공동체가 성립되기 시작한 무렵부터 현대에 이르기까지 교회의 역사 안에서 끊임없이 반복되는 현상이 있었다. 어떤 모임이나 공동체가 제도화되거나 체제화 되어지기 이전에 여성들이 주춧돌을 놓는 역할을 하다가, 각 공동체가 형식과 내용, 조직을 갖추고 안정되게 되면 여성들은 공적 자리에서 물러나야만 했고, 비가시적 존재로 전락해 버리게 되는 것이다. 이러한 현상은 경건주의 운동에서도 찾아볼 수 있다. 이 논문은 여성과 경건주의의 관계성에 대해서 살펴보고자 하는 것이며, 어떻게 여기에서도 여성들이 주체적 역할을 하면서 초창기에 이 흐름을 주도했던가를 알아보고자 한다.[1)]

낭만주의 음악의 거장 프란츠 슈베르트(Franz Peter Schubert 1797-1828)가 활동하던 시기에 유럽은 끊임없는 크고 작은 전쟁과 혁명 속의 정치적인 불안정시대를 맞고 있었는데, 이러한 상황 속에서 그의 음악은 등장하게 된다. 그의 음악의 특성은 고전의 형식을 무시하지 않으면서 순수 서정성이 짙게 배어나오는 낭만주의를 발달시킨 것이다. 그의 음악은 무한한 가능성을 지닌 인간의 주관적 낭만세계를 표현한다. 무엇보다도 혼탁하고 격동적인 정치, 사회현실세계에서 맛보고 경험하지 못하는 밝고 경쾌한 생동감이 낭만적으로 용해되어 있는 것이 그의 음악세계의 역설적 묘미이다. 그는 역사적 현실을 직시하면서도, 그것을 음악적으로 승화시킨 것이기 때문에 그의 음악세계는 값싼 주관주의적 황홀과 신비의 낭만성과는 다른 품위를 지닌다.

바로 그의 음악이 무르익어 가던 낭만주의 시기에 유럽대륙 독일어

---

1) 이 논문은 정미현, 『또 하나의 여성신학 이야기』, (서울: 한들출판사, 2007), 231-245에 수록된 것을 수정, 보완한 것이다.

권 지역에서 신학사, 교회사의 측면에서도 주목받을 만한 경향이 성숙되어 갔는데 그것이 경건주의이다. 이 글에서는 종교개혁의 내용을 교리화 하며, 교리 자체를 믿는 것을 신앙의 내용으로 보고 "종이교황"을 섬기는 우를 범해가는 정통주의와, 신앙을 경멸하는 지식인과 계몽주의 이후의 근대적 인간의 합리주의에 대한 반 작용으로 등장한 유럽 대륙에서의 경건주의와 여성의 문제에 초점을 맞추어 보려한다.

여성들 각자가 가졌던 하나님 체험 이야기를 표현하고자하며, 주체적으로 종교활동에서 남성들과 함께 중요한 공적 역할을 감당하려던 여성들의 의지는 경건주의 운동에서도 마찬가지로 성취되지는 못하였다.2) 그러한 한계에도 불구하고 그들의 행함을 되짚어 보는 것은 오늘을 살아가는 그리스도교인의 모습을 되돌아 보게 하며, 내일을 위한 준비의 토대가 될 수도 있을 것이다.

16세기가 종교개혁의 시기라고 한다면, 17세기는 개신교 정통주의의 시기라고 구분해 볼 수 있다. 이 시기에 루터파와 칼빈파 신자들이 지켜야 할 정통신조들을 발전시켜 나갔다. 이렇게 해서 정통주의는 개신교의 입장에서 보면, 종교개혁자들이 지닌 역동적 변혁의 힘이 화석화 되고, 엄격한 문자주의에 얽매임으로써 새로운 "종이교황"을 숭배하는 시대로 접어들게 된 것이라고 해도 과언이 아니다. 이렇게 굳어진 교리에 얽매이고 이에 순종하는 것을 참 신앙이라고 여기던 것이 정통주의가 지배하던 17세기의 한 모습이었다. 이와같은 메마르고 빛바랜 정체된 신앙의 모습에 촉촉히 생기를 불어주던 운동이 경건주의였고, 이러한 신앙운동의 실질적 주역은 바로 여성 그리스도인들이었다는 것이다.

---

2) 참고: 하이데 분더,『유럽 근대 여성사. 남자는 해, 여자는 달』, 김정희역, (서울: 신원 문화사, 1992).

2. 경건주의 운동이 등장하기 까지

경건주의는 17, 18세기 경제, 정치, 사회 전 영역에 걸쳐 급격한 변화의 시기에 일어나서[3] 독일어권 유럽을 중심으로 영국, 네덜란드, 미국 등으로 퍼져나간 다양한 측면의 종교적 갱신운동이다. 경건주의는 무엇보다도 필립 야콥 스페너(Philip Jakob Spener)와 아우구스트 헤르만 프랑케(August Herrmann Francke)를 주축으로 17, 18세기 독일을 중심으로 발달하여, 영미권의 각성운동에 지대한 영향을 끼치게되고 또한 이러한 영향으로 개신교의 선교활동이 활발히 전개되기에 이른다. 한편 이 경건주의는 스페너를 대부로 모신 니콜라우스 루드비히 진첸도르프백작(Nikolaus Ludwig von Zinzendorf)에게도 지대한 영향을 끼친다.

유럽에서 가톨릭과 개신교의 갈등이 절정에 이르러 1618년에서 1648년까지 지속된 30년 종교전쟁은 경건주의 초기의 시대적 배경가운데 중요한 한 요소이다. 그리고 진첸도르프백작과 보헤미아 동포단[4]은 경건주의 운동을 확산시키는데 결정적 역할을 하게 된다. 체코의 종교개혁자 얀 후스(Jan Hus)의 화형사건이후 보헤미아의 독립과 개신교 신앙을 추구하던 보헤미아 동포단은 1526년부터 이들을 지배하던 합스부르크 왕가에서 이탈하려는 보헤미아 귀족을 포함하여 당시 개신교 연합운동의 지도자격인 칼빈파의 프리드리히 제후를 중심으로 범민족적으로 독립운동을 전개하였다. 1618년 "프라하 창문사건"이 불씨가 되어 신구교간에는 30년 전쟁이 일어나게 되었는데, 이 전쟁은

---

3) Vgl. R. Dellsperger, "Frauenemanzipation im Pietismus", *Zwischen Macht und Dienst*, hrsg. von S. Bietenhard (u. a.), (Bern: Stämpfli, 1991), 132.

4) Böhmische Brüderunität라고 불리는 것이 독어로 정식 명칭이지만, 필자는 이 단체에 여성이 배제되지 않았으므로 문자적으로 형제단이라 부르지 않고, 포괄적 언어인 동포단으로 번역하여 사용한다.

이후 전 유럽으로 확산되어 1648년 베스트팔렌에서 평화조약(Peace of Westphalia)이 맺어지게 될 때까지 지속되었다. 본격적인 반합스부르크 운동을 일으켰던 보헤미아 동포단은 1620년 백산(am weißen Berg)전투에서 당시 합스부르크 가의 황제 페르디난드 2세의 군대와 결정적으로 맞붙게 되었으나 참패당하였다. 이후 보헤미아의 개신교도들은 심한 박해를 받았고 지도자들은 처형되었다. 이들의 정신적 지주였던 보헤미아 동포단은 해산당했고, 보헤미아 귀족은 전 재산을 몰수당한채 국외로 쫓겨가거나, 죽임을 당하였다. 1626년 보헤미아에서는 가톨릭 신자가 되기를 거부하는 자들은 그 지역을 떠나라는 칙령이 반포되었고, 그 결과 개혁주의 신앙을 지키려는 보헤미아 인들은 정든 고향산천을 떠나게 된다.[5]

한편, 여러 곳에서 학업을 마치고 드레스덴 궁정에서 일하게 되었던 진첸도르프는 여기에서 신앙의 자유를 찾아 온 보헤미아 동포단을 만나게 된다. 복음때문에 보헤미아와 모라비아에서 쫓겨난 이 사람들에게서 진첸도르프는 깊은 감명을 받는다.[6] 그래서 그는 이들에게 헤른후트(Herrnhut)의 자기 사유지를 제공하여 공동체를 형성하고 정착하게 도왔다. 진첸도르프는 코메니우스의 책을 통해 보헤미아 동포단의 역사를 더 구체적으로 배우게 된다.[7] 헤른후트는 이후 경건주의 운동의 배양지와 같은 역할을 한다. 이 체코인들은 무엇보다도 신앙생활에 모범을 보인 사람들이었고, 삶과 신앙의 신행일치적 모범을 이루어나간 공동체였다. 이들에 의하여 선교는 하나님의 행위이지만 인간은 그 도

---

5) 참고: 정미현, "제 1의 종교개혁",『신학사상』, 1996, 가을호 184.

6) D. Meyer, "Zinzendorf und Herrnhut", *Geschichte des Pietismus. Der Pietismus im 18. Jahrhundert*. Bd. 2., hrsg., M. Brecht (u.a.), (Göttingen: Vandenhoeck & Ruprecht, 1995), 8.

7) D. Meyer, a.a.O., 28.

구임을 강조하는 "교회 내의 교회운동(ecclesiola in ecclesiae)"이 확산된다. 그래서 신앙의 자유를 찾아 피난온 이들은 헤른후트에서의 정착 후, 활발한 선교활동을 펼쳐나가게 되는데 아프리카, 인디아, 남, 북 아메리카등의 광범위한 지역을 그 대상으로 하였다. 이들의 경건한 삶의 태도와 열정적 선교의 자세는 이후 19세기 개신교 선교에 모범이 되어 주었고, 특히 존 웨슬리를 통하여 감리교에 크게 영향을 주게 되었다.[8)]

3. 경건주의 운동 초기에 중요한 역할을 감당한 여성들

제도권 교회에 대한 관심은 줄어들지만, 사람들의 종교성, 영성에 대한 관심은 오히려 증대되고 있는 것은 전 세계적 경향이다. 최근들어

---

8) 웨슬리는 모라비아 교인들에 대한 관심을 갖은 후 독일 헤른후트에 직접 방문하기도 했고, 또 진첸도르프는 1741년 런던의 그레이즈 인 웍스(Gray's Inn Walks)에서 웨슬리와 만나 구원과 성화에 대한 논쟁을 하기도 했다. 페터 뵐러(Peter Böhler)는 모라비아 교회 목사로서 영국 런던의 페터레인에서 페터 레인 신도회(The Fetter Lane Society)를 설립했는데, 웨슬리 형제도 이 신도회의 일원이었다. 이 신도회에 속했던 필립 헨리 몰터 목사(Philip Henry Molther)와 존 웨슬리는 구원에 대한 이해에 견해 차이를 보이기 시작했고, 마침내 여기에서 감리교회가 분리되어 나왔다. 김홍기 박사는 모라비아주의의 정숙주의(quietism)와 신앙제일주의(solafideism)에 대하여 웨슬리가 실망하고 비판적으로 분리 독립했다고 하였다. 필자는 웨슬리의 모라비아주의의 이해에 관련하여 다른 관점을 제시하고 싶다. 왜냐하면 모라비아 주의의 연원을 독일 경건주의와 루터식 의인론에서 볼 것이 아니라, 모라비아주의는 그 전통을 체코 종교개혁에서 찾아야 할 것이기 때문이며, 오히려 독일 경건주의가 모라비아교도들의 경건성에 영향을 받았다. 이들은 사회참여에 대한 수동적인 입장을 보인 것이 아니라, 오히려 생활신앙을 강조하고, 사회변화를 추구하던 이들이었다. 모라비아주의자들의 경건, 성화 그리고 구원에 대한 이해와 웨슬리의 신학적 입장차이를 웨슬리의 측면에서 비교한 연구로는 다음을 참고: 김홍기, 『존 웨슬리 신학의 재발견』, (서울: 대한기독교서회, 1993), 42ff.; 오광석. "존 웨슬리와 모라비아들 사이의 논쟁에 관한 역사적 신학적 고찰." 『한국그리스도교신학논총』 제 59권 (2008): 127-154.

개신교 교회와 신학에서도 성령과 영성운동에 대한 관심이 고조되면서 그리스도교 역사에 있어서 우리에게 잘 알려지지 않았지만 이와 관련된 운동이나 조류들이 주목받고 있다. 특히 고대교회의 몬타니즘이나, 중세 신비주의, 종교개혁 좌파운동등이 성령론과 영성운동의 차원에서 새롭게 주목받는 주제들이다. 그리스도교의 역사를 되돌아볼 때 여성들은 주류운동에서보다 비주류운동에서 더 자유스럽고 활발한 활동을 할 수 있었다. 분파적인 집단, 기성교회와 타협하지 않는 사람들은 여성들을 오히려 동등한 영적 존재로 받아들였고, 여성의 종교성을 소홀히 하지 않는 영성운동을 전개하였다. 그러나 이러한 흐름에 참여한 많은 사람들은 대개 그 사회에 속하지 못하고 축출되게 되거나 심지어 죽임을 당하기도 하였었다.[9)]

그리스도교역사에 등장했던 여러 시대적 조류와 운동들에서와 마찬가지로 경건주의 운동 전반에 걸쳐서도 많은 여성들의 활약이 뒷받침되었다. 그 가운데에서도 다음의 이름들은 더욱 기억될 만한 가치를 지녔다. 경건주의 운동에 대한 관심으로 종교적 이유 때문에 귀족이면서 평민과 결혼한 요안나 엘레오노라 페터슨(Johanna Eleonora Petersen 1644-1724), 진첸도르프의 부인으로서 활약한 에르트무트 도로테아 본 로이제 에버스도르프(Erdmuth Dorothea von Loise Ebersdorf 1700-1756)[10)], 진첸도르프가 헤른후트에 공동체를 세우는데 결정적 영향을 끼친 그의 외할머니 엔리에테 카타리나 폰 게르스도르프(Henriette Katharina von Gersdorff 1648-1726)와 진첸도르프의 어머니 샤롯테 유스티네 폰 게르스

---

9) 참고: 정미현, "종교개혁좌파운동과 여성들", 『세계와 신학』, 1997, 가을호, 251.

10) 보헤미아 동포단이 헤른후트에 정착하야 신앙과 생활 공동체로 성장하여 나가는데 진첸도르프 백작부인인 에르트무트 도로테아 부인의 역할은 아주 결정적으로 중요했다. 그녀에 대해서는 다음 책을 참고: Erika Geiger, *Erdmuth Dorothea. Gräfin von Zinzendorf. Ihre Lebensgeschichte*, (Holzgerlingen: Hänssler Verlag, 2000).

도르프(Charlotte Justine von Gersdorff 1675-1763)이외에도 경건주의자 이자 여성작가, 러시아 황제의 조언자였던 바바라 율리아네 본 크루데너(Barbara Juliane von Krüdener 1764-1824) 등의 여성들이 있었다.

이처럼 이름있는 여성들 뿐 아니라, 평범한 여성들에 이르기까지 경건주의 운동에서 여성의 역할은 상당히 중요하였다. 1670년경 경건주의 초기시기로 부터 18세기 중엽에 이르기까지 여성들은 경건주의 운동에서 예언가로, 후원자로, 지도자로, 선동가로, 행정가로 중요한 역할을 감당하였다.

개인적 신앙의 경건성을 쌓아나가기 위하여 여성들은 1670년 이래 야콥 스페너(Jakob Spener)가 프랑크프루트에 세운 학교인 Collegia Pietatis를 방문하였다.[11] 여성들은 남성을 위한 조력자로만 그 역할을 감당하였던 것이 아니었다. 지도적인 경건주의자들조차 여성이 경건주의가 지향하는 종교와 삶의 모습에 더욱 적합한 존재라는 것을 인정하였다. 심지어는 경건주의가 강조하는 종교적 거듭남이 무엇보다도 여성들에 의하여 수행되어지는 것으로 확신하였다.

1700년을 전후한 시기에 프랑스의 정적주의(Quietism)를 대표했던 앙트와네트 부리그뇽(Antoinette Bourignon 1616-1678)과 마담 기욘(Madame Guyon1648-1717)의 저서들이 독일에 알려지게 되었는데 이후 이 여성들은 종교적 모범이며 이상으로 여겨지게 되었다. 이들의 저서는 경건주의 운동을 이끌어가던 인물들 뿐 아니라, 일반적인 사람들에게 널리 애독되고 칭송되었다.

이러한 경향은 계속 발전되게 되었는데 특히 진첸도르프에게서 그

---

11) Vgl. R. Critchfield, "Prophetin, Führerin, Organisatorin: Zur Rolle der Frau im Pietismus", *Die Frau von der Reformation zur Romantik. Die Situation der Frau vor dem Hintergrund der Literatur- und Sozialgeschichte*, hrsg. von B. Becker-Cantarino, (Bonn: Bouvier Verlag, 1980), 112.

모습을 찾아볼 수 있다. 그는 헤른후트에서 여성들이 가장 종교적으로 이상적인 공동체를 형성했을 뿐 아니라, 그리스도의 동정녀 탄생으로 말미암아 그리스도교적 구원론에서 남성을 능가하는 역할이 여성들에게 부여되어 있다고 생각하였다.12) 진첸도르프 백작은 전체 교회사 안에서도 매우 일찍이 그리스도교 공동체 안에서 여성의 지도력을 인정하고 이를 촉구한 인물이었다. 또한 성령이 지니고 있는 여성성, 어머니성의 표상적 의미를 강조하였다.13) 1758년 5월 12일 헤른후트에서는 법적으로 독립된 교회 공동체 운동이 본격적으로 성립된다. 1745년부터 헤른후트 공동체에서는 집사, 장로, 주교의 세 형태 직분제가 실시되었는데, 1758년 5월 12일, 이 날 바로 역사적으로 남성들뿐만 아니라, 여성들도 장로직, 집사직에 임명되었다.14) 특별히 주목할 만한 것은 진첸도르프 자신이 그 시대의 한계를 뛰어넘어 선구자적으로 세 명의 여성에게 장로직을 안수한 사실이다. 물론 여성의 역할이 교회 전체 치리보다, 목회상담, 봉사에 조금 더 집중된 한계가 없지 않으나, 진첸도르프는 처음부터 "제 1의 종교개혁" 사상에 부응하여 여남 평등 공동체의 실현에 주력하였다. 특히 여성의 말씀 선포권이 보장된 것은 굉장히 중요한 사실이다. 이러한 확신은 시간이 지나감에 따라 더욱 굳어져서 여성의 사제직을 인정하게 까지 이른다. 진첸도르프 자신도 바울서신의 몇가지 여성 편파적, 여성비하적 내용을 알고 있었

12) Vgl. Otto Uttendörfer, *Zinzendorf und die Frauen, Herrnhut 1919*, 18, 43, zit. nach R. Critchfield, a.a.O., 113.

13) Elisabeth C. Miescher, "Das Mutteramt des Heiligen Geistes-eine kritische Befragung Zinzendorfs auf dem Hintergrund seiner Biographie und einiger Quellen aus der Kirchengeschichte", 2001, 4ff. (미간행원고)

14) Vgl. Erika Geiger, *Nikolaus Ludwig Graf von Zinzendorf*, (Holzgerlingen: Hänssler Verlag, 1999), 278f.

으나, 이것은 특수한 고린도 교회의 상황에 한정된 것으로 평가하고, 또한 바울이 아니라, 공동체의 중심은 예수 그리스도임을 지속적으로 상기시키면서 여남 공동체의 실현을 더욱 촉구한 것이었다. 이로써 헤른후트 공동체는 시작부터 여성의 교회 내 지도력과 능력에 따른 하나님 말씀의 선포권을 통하여 여남 평등을 실현하였음을 주목해야 할 것이다.

경건주의 운동을 성숙시켜 나간 아우구스트 헤르만 프랑케(August Hermann Francke 1663-1727)나 요한 빌헬름 페터슨(Johann Wilhelm Petersen 1649-1727)같은 인물에 의하여 예언자로 여겨졌던 여성들 가운데 대표적인 이가 아델하이드 시빌라 슈바르츠 (Adelheid Sybilla Schwarz 1703 사망), 로자문데 율리아네 폰 아세부르크(Rosamunde Juliane von Asseburg 1672-1712)이다. 또한 예를 들어 안나 마리아 슈크하르트(Anna Maria Schuckhart)라는 여성은 스페너와 프랑크 모두에게서 주목을 받았는데 이들은 하나님이 그녀에게 특별한 방법으로 환상을 주신다는 것을 인정하였다. 그러나 여성들의 이러한 환상을 보는 행위나 예언의 행위는 경건주의를 비판하는 정통주의자들에게서 인정되지는 않았다. 때문에 이러한 여성들은 경건주의가 의도하는 바를 옹호하고 권장하고 지원하기 위하여 열심히 노력하였다.

반면에 예언을 중시했던 현상은 경건주의 초기에 특히 종교적 영감(religiöse Inspiration)을 귀중하게 여겼던 것과 연관되어있다. 이 때부터 본격적으로 종교적 차원에서의 감정(das Gefühl)을 강조하게 되는 것이 두드러진다. 이것이 결국은 헤른후트에서 신앙적, 신학적 훈련을 쌓은 슐라이에르마허(F.D.E. Schleiermacher)에게로 이어지게 되는 것이고, 그의 신학에 그대로 반영된다. 이것은 개신교 정통주의의 시대라고 분류해 볼 수 있는 17세기의 교리 중심주의에 대한 하나의 반대적 조류로써 이해될 수 있다.15) 이러한 배경가운데 마치 요엘서의 말씀이 실현된 듯 차별없이 영적 도우심의 능력을 받은 여성들이 활동하기 시작했던 것이다. "그런 다음에, 내가 모든 사람에게 나의 영을 부어 주겠다. 너희의 아들 딸은 예언을 하고, 노인들은 꿈을 꾸고, 젊은이들은 환상을 볼 것이다. 그 때가 되면, 종들에게까지도 남녀를 가리지 않고 나의 영을 부어 주겠다."(요엘 2, 28)

여성들의 예언은 신 적인 계시의 내용을 담고 있었고, 그것은 정통주의에 대한 경고와 비판의 메시지였다. 따라서 경건주의자들은 여성들의 이러한 행위와 용기를 부추기고 장려하게 되었다. 이 여성들은 경건주의자들에게 그들의 의도를 전하고 활성화시키는 하나님의 뜻을 전하는 도구이며 예언자일 뿐 아니라, 구체적인 행동가로 보여졌다. 그러나 경건주의자들에게 거룩한 예언자로 여겨졌던 이 여성들은 제도권 교회와 권력가들의 입장에서 볼 때 장애요인이었고, 정치적으로도 위협적 요소였다. 다음에는 경건주의 운동에서 가장 두드러진 역할을 한 세 명의 여성을 간략하게 소개하고자 한다.

1) 요한나 엘레오노라 페터슨(Johanna Eleonora Petersen)

요한나 엘레오노라 페터슨(1644-1724)은 독일 경건주의 운동에서 가장 독보적인 인물 가운데 한 명으로 꼽히는 여성이었다. 그녀는 동포적 단체(philadelphische Sozietäten)의 이상을 역설하고 이를 구체적으로 준비하여 실행에 옮긴 선구자였다.16) 결혼 전 이름은 메를라우의 요한

15) 1675년 스페너는 그의 주저 "경건한 열망(Pia desideria)"에서 루터식 정통주의를 신랄하게 비판한다.

16) 경건주의 운동에서 그녀가 차지하는 비중이 꽤 높았고 활발한 글쓰기 활동을 했기 때문

나 엘레오노라(Johanna Eleonora zu Merlau)였고, 그녀의 남편은 경건주의자들에게 사랑받았던 신학자이며, 작가인 요한 빌헬름 페터슨(Johann Wilhelm Petersen)이다.

에 독일어권에서는 그녀에 대한 많은 연구가 이루어졌다. 그녀에 대해서 보다 자세한 내용은 다음을 참고: Ruth Albrecht, "Pietistische Schriftstellerin und Theologin. Johanna Eleonora von Merlau-Petersen (1644-1724)", *Weisheit – eine schöne Rose auf dem Dornen-Strauche*, hrsg. von Elisabeth Gössmann, (München: Archiv für philosophie- und theologiegeschichtliche Frauenforschung) 8, 2004, 123–196; Dies., Johanna Eleonora Petersen. *Theologische Schriftstellerin des frühen Pietismus*, (Göttingen: Vandenhoeck & Ruprecht, 2005); Dies., "Johanna Eleonora Petersen (1644-1724). Eine engagierte und streitbare Schriftstellerin," *Evangelische Seelsorgerinnen. Biografische Skizzen, Texte und Programme*, hrsg. von Peter Zimmerling, (Göttingen: Vandenhoeck & Ruprecht, 2005, 82–102; Dies., "Die Apokatastasis-Konzeption bei Johanna Eleonora Petersen", *Alles in allem. Eschatologische Anstöße. Festschrift Christine Janowski*, hrsg. von Ruth Heß/ Martin Leiner, (Neukirchen-Vluyn: Neukirchener Verlag, 2005), 199–214; Dieter Breuer, "'Der bekräfftigte Origenes': das Ehepaar Petersen und die Leugnung der Ewigkeit der Höllenstrafen," *Heterodoxie in der Frühen Neuzeit*, hrsg. von Hartmut Laufhütte und Michael Titzmann, (Tübingen: Niemeyer, 2006), 413–424; Gerlind Schwöbel, *Sehnsucht nach dem Vollkommenen – Johanna Eleonora von Merlau zu Merlau*, (Frankfurt: Lembeck, 2007); Ruth Albrecht, "Vom Verschwinden der Theologie zugunsten der Biographie. Zur Rezeption Johanna Eleonora Petersens," *Gendering Tradition. Erinnerungskultur und Geschlecht im Pietismus*, hrsg. von Ulrike Gleixner/ Erika Hebeisen, (Korb: Didymos-Verlag, 2007), 123–148; Barbara Becker-Cantarino, "'Die mütterliche Krafft unsrer neuen Gebuhrt' : theologische Ideen und religiöse Wirksamkeit von Jane Lead (1623/24 - 1704) und Johanna Eleonora Petersen (1644 - 1724)", *Glaube und Geschlecht. Fromme Frauen – Spirituelle Erfahrungen – Religiöse Traditionen*, hrsg. von Ruth Albrecht u.a. (Köln u.a.: Böhlau, 2008), 235–252; Markus Matthias, *Johann Wilhelm und Johanna Eleonora Petersen: Eine Biographie bis zur Amtsenthebung Petersens im Jahre 1692*, (Göttingen: Vandenhoeck & Ruprecht,1993); Stefan Luft, *Leben und Schreiben für den Pietismus. Der Kampf des pietistischen Ehepaares Johanna Eleonora und Johann Wilhelm Petersen gegen die lutherische Orthodoxie*, (Herzberg: Bautz, 1994); Martin H. Jung, "Johanna Eleonora Petersen geb. von und zu Merlau: Weibliche Laientheologie im radikalen Pietismus," *Theologen des 17. und 18. Jahrhunderts. Konfessionelles Zeitalter - Pietismus - Aufklärung. Eine Einführung, hrsg.* von Martin H. Jung und Peter Walter, (Darmstadt: Wissenschaftliche Buchgesellschaft, 2003).

아버지 메를라우의 게오르크 아돌프 (Georg Adolph von Merlau)와 메를라우의 사비나(Sabina von Merlau) 사이에서 태어난 그녀는 30년 전쟁의 여파로 인하여 경제적으로 어려운 생활 환경 속에서 성장하였다. 직업적인 이유로 집을 자주 비워야 했던 아버지의 빈자리를 메꾸어 살림을 책임지던 어머니가 자녀 교육을 포함한 모든 것을 도맡았다. 요한나는 종교적 성향이 강했던 이 어머니의 영향을 많이 받고 자라났다. 이미 9살 때 어머니의 죽음을 경험했던 요한나는 언니에 뒤를 이어 곧 살림을 책임져야 하였고, 공적 교육을 받을 기회는 제대로 주어지지 않았다. 귀족가문에서 그녀가 태어났기는 했지만, 경제적으로 궁핍했기 때문에 그녀는 여러 귀족들 집안에서 가사 도우미를 하면서, 여행에 동반한다든지, 집안 행사에 관여한다든지 하는 일들을 맡았다. 진첸도르프의 장모이기도 했던 백작부인 솔름스 라우바하의 에르드무트 베니그나(Erdmuthe Benigna zu Solms-Laubach 1648–1702)와 그녀는 오랫동안 우정관계를 지속하였다.

1672년 그녀는 프랑크푸르트의 경건주의 지도자였던 필립 야콥 스페너 (Philipp Jacob Spener)와 요한 야콥 쉿츠(Johann Jakob Schütz)를 만나게 되었고 이후 이들 사이에 밀접한 친분관계가 형성되었다. 그녀는 또한 스페너의 경건한 집합체를 뜻하는 콜레기아 피에타티스(Collegia pietatis)와 앙트와넷 부리그뇽의 여성신비주의 등의 영향으로 1676년 대강절 때부터 교회가 아닌 가정에서 모이면서 세속적 죄를 참여하고 그리스도교적 생활을 실천하는 회합을 갖게 되었다. 제도적 교회와의 경향적 분리가 이때부터 생겨났다. 1680년 그녀는 신학생이었던 요한 빌헬름 페터슨(Johann Wilhelm Petersen kennengelernt)과 결혼했는데, 이 때 주례는 스페너가 맡아 주었다.

18세 이후로 환상을 경험했던 그녀는 낭트의 칙령이 철폐되고 많은 위그노들이 희생된 1685년의 학살사건과 연관된 환상도 경험하게 되었다. 바로 이 해는 엘레오노라가 예수 그리스도의 천년왕국사상을 깨달아 형제, 자매애에 기초한 교회 공동체를 구성했던 때이기도 하다. 동포애(Philadelphia)를 강조한 그녀는 루터파와 개혁파사이에 이러한 이상을 실현시키고자 하였다. "그러나 내가 말하려는 것은 진정으로 예수 그리스도를 따르는 자로서 서로가 서로를 도와야만 한다는 것이다. 내가 하나님께 양쪽으로 분열된 이 두 파에 사랑의 조화를 심어 달라고 기원한다. 왜냐하면 양편 모두 바벨로 부터 비롯되었기 때문이다."[17] "그리스도의 계시에 대한 기본적 이해를 위한 안내"(1696), "소명받고, 선택되고, 신앙하는 자의 영적 투쟁"(1698)이라는 글에서 그녀는 동포애가 가득한 교회에 대한 이상을 피력한다. 그녀의 영향을 받은 많은 남성들, 영적 지도자들이 있었는데 그 가운데 요한 빌헬름 켈르너(Johann Wilhelm Kellner)에 의하여 1690년 초기 사도 공동체의 이상을 따르는 교회가 세워지게 되었다. 그녀의 사상을 담은 이러한 형태의 교회들이 진첸도르프의 헤른후트 공동체 설립 이전에 등장하였다. 영국에서의 동포단 교회를 세운 제인 리드(Jane Leade 1623-1704)외에 리스겐 게브하르트(Ließgen Gebhard), 카타리나 엘리사벳 붸첼(Katharina Elsabeth Wetzel), 에바 폰 브틀라(Eva von Buttlar)등이 이러한 유형의 교회를 세우고 이끌어 갔던 이들이었다.

그녀는 하나님과의 내면적 대화를 나누는 것에 대한 체험적 글들을 많이 남겼다. 또한 성서의 여러 구절에 대한 명상적 글들과 자서전적 기록을 남기기도 하였는데 이러한 내용들은 모두 경건주의적 모범이 되었다. 또한 그녀는 요한계시록 주해와 천년왕국설적 견해에 입각해

---

17) *Leben Johanna Eleonore Petersen*, 61-62. zit. nach R. Critchfield, a.a.O., 120.

서 만유 구원설을 도입하기도 하였다.

2) 엔리에테 카타리나 폰 게르스도르프(Henriette Katharina von Gersdorf)

진첸도르프 백작은 헤른후트 공동체를 세운 인물로서 잘 알려져있다. 그러나 그가 이러한 일을 성취시켜 가는 데에 여성들의 역할이 더욱 중요하였다는 것은 잘 알려져 있지 못하다. 진첸도르프의 부인 에르트무트 도로테아 진첸도르프(1700-1756), 그녀의 어머니인 솔름스 라우바하의 백작부인 베니그나(Erdmuth Benigna zu Solms-Laubach 1670-1732) 모두 경건주의가 확산되도록 하는데 결정적 기여를 한 인물들이었다. 스페너 역시 베니그나 백작부인에게서 영향을 받았을 정도였고, 그녀를 "교회의 자랑거리"로 여겼다. 진첸도르프에게 영향을 끼친 주변의 여성들가운데, 특히 그의 할머니 엔리에테 카타리나 폰 게르스도르프(1648-1726)의 역할은 더욱 중요한 것이었다. 1648년 태어난 그녀의 결혼 전 이름은 프리젠 아우프 뢰타(Friesen auf Rötha)였다.

드레스덴과 라이프치히에서 교육을 받았던 그녀는 24세 되던 1672년 니콜 폰 게르스도르프(Nikol von Gersdorff 1629–1702)와 결혼하였다. 그녀는 이미 어린시절부터 독일어와 라틴어로 많은 시를 저작했으며, 동시대의 신학자와 학자들과 다각적인 교류를 하였다. 경건주의 운동의 든든한 후원자였던 그녀는 특별히 필립 야콥 스페너를 절대적으로 지지하고 도와주었다.

성서 번역, 찬송 작사, 소녀 교육등 다양한 일들에 참여해서 활동했던 그녀의 말년에 주요 과제는 손자 니콜라우스 루드비히 진첸도르프의 양육과 교육이었다. 남편과의 사별 후 그녀의 사유재산이 있던 영지 그로스헤너스도르프에 되돌아와 살면서 그녀는 자기 집에 피난 온 체코인들에게 머무를 거처를 마련해 주면서 이들을 돌보아 주었는데, 이것이 헤른후트 공동체가 성립되게 하는데 결정적으로 중요한 것이었다.

이렇게 여성들의 열성적 노력으로 경건주의가 성숙하는 분위기에서 활동하였던 진첸도르프는 헤른후트 공동체운동 후기로 갈수록 점점 더 여성이 남성과 동등한 권리를 갖는 것이 아니라, 그 이상이라고 보았다. 그래서 그는 여성이 남성보다 더욱 강하고 더욱 인내할 수 있다고 주장하게도 된다.[18] 그는 헤른후트 공동체 가운데에서는 여성들이 가장 종교성이 강한 집단을 이룬다고 보았다. "내가 구세주 주님과 친밀히 교통할 수 있는 것은 내가 10년 동안 헤너스도르프(Hennersdorf)에서 나의 할머니이신 게르스도르프(Gersdorf) 제후부인의 집에서 성장하고 교육받았기 때문이다."[19]라고 말하고, 헤른후트 공동체의 설립에 관하여 다음과 같이 언급한다. "나는 할머니로부터 나의 원칙을 물려받았다. 그녀가 없었더라면, 우리의 이 공동체를 위한 모든 것이 실행되지 못하였을 것이다."[20] 이와같이 할머니에게서 신앙생활에 대한 강한 영향을 받고 헤른후트 공동체를 설립하기까지 한 진첸도르프는 그리스도 앞에서 남자와 여자가 근원적 평등의 권리를 지닌다고 본다. 필라델피아 공동체에서 여성이 주도적 역할을 한 것처럼, 진첸도르프가 죽기 이전에 헤른후트에서도 여성들이 이들 공동체를 이끌어가는 주역을 담당했다. 진첸도르프의 첫 번째 부인 에르트무트 도로테아, 두 번째 부인 안나 니취만과 딸 베니그나 진첸도르프 이들 모두는 실제

---

18) Vgl. Critchfield, a.a.O., 126f.

19) 그녀는 정통주의와 경건주의, 또한 경건주의 내에서도 양극단주의에서 중재적 역할을 한 인물이었다. Vgl. D. Meyer, a.a.O., 6f.

20) E. Beyreuther, *Der junge Zinzendorf*, (Marburg an der Lahn: Verlag der Francke-Buchhandlung, 1957), 54, zit. nach R. Critchfield, a.a.O., 127.

로 헤른후트 공동체에서 굉장히 많은 영향력을 끼친 인물들이었다. 여성들이 이 공동체를 이끌어 나가는 이러한 것들이 남성구성원들에게 그리 달갑지는 않은 것이었으나, 여성들이 말씀을 전하는 것이 당시 회중들에게 굉장히 설득력있게 받아들여진다는 점을 인정하지 않을 수 없었다.

3) 에르트무트 도로테아 진첸도르프 (Erdmuth Dorothea Zinzendorf)

에르트무트 도로테아 진첸도르프(1700-1756)의 결혼 전 이름은 에버스도르프의 로이쓰 (Reuß zu Ebersdorf)였다. 그녀는 아버지 에버스도르프의 하인리히 로이스 백작(Heinrich X. Reuß zu Ebersdorf)과 어머니 솔름스 라우바하의 에르드무트 베니그나(Erdmuth Benigna zu Solms-Laubach) 사이에서 딸로 태어나 귀족 교육을 받았고, 특히 경건주의자 필립 야콥 스페너의 경건주의 원칙에 따라 교육받고 성장하여서 경건주의적 영성이 몸에 육화되었다. 그녀는 진첸도르프 백작의 부인으로 더욱 알려진 독일 경건주의를 대표하는 여성이다. 그러나 이렇게 누구의 부인으로만 소개될 인물이 아니라, 독립적이고 주체적인 역할을 감당했던 인물이었다. 그녀는 찬송가의 작사가였고, 헤른후트 묵상집의 발간에 기여하기도 했던 경건주의 운동의 중요한 지도자였다. 어머니에게로부터 살림살이와 경영전반에 대한 기술을 습득하게 된 그녀는 헤른후트에서 모라비아 교도들이 정착하여 신앙공동체를 형성하게 되는 과정에서 그 지역 전체의 경영을 책임지는 역할을 하였다.

그녀는 1722년 9월 7일 에버스도르프(Ebersdorf)에서 진첸도르프 백작과 결혼하였고 이후 진첸도르프의 백작 부인으로 주로 불리우게 되었다. 경건주의 운동을 확산시킨 진첸도르프의 역할은 굉장히 많이 소개가 되었으나, 이 운동의 확산에 실제로 구체적인 역할을 담당했던 그녀에 대해서는 우리에게 알려진 바가 거의 없다. 그런데 그녀의 경건주의적 영성으로 다듬어진 지도력이 없었더라면 오늘날의 헤른후트 공동체는 아마 존재하지 못했을 것이다. 특별히 그녀는 헤른후트의 여성 공동체의 원장으로서 전체적 살림살이를 총괄하는 역할을 하였고 특별히 고아원을 운영하기도 하였다.

진첸도르프에게 내려진 교회법의 조처에 따라 그가 집을 떠나 있어야 할 때 진첸도르프는 법적으로 그 지역에 있던 자신의 유산의 소유권을 그녀에게 넘겨 주었고, 그녀는 더욱 지도력을 발휘하여 이 공동체가 지속적으로 성장할 수 있도록 돌보아 주었다. 남편인 진첸도르프와 함께 유럽 여러 지역을 여행하기도 해서 식견을 넓혔던 그녀는 남편의 오랜 부재 기간 동안에 어려서 어머니에게서 익힌 뛰어난 경영법으로 재산 관리를 잘 해 낼 수 있었고, 이 공동체가 굳건히 존속하게 만들어 준 결정적인 인물이 된 것이다.

4. 참여적 주체로 남아있지 못하게 된 여성들

18세기 전반기에는 경건주의 내에서 예수 그리스도에 대한 새로운 이해가 등장하였다. 많은 급진적인 경건주의자들에게 있어서 예수 그리스도는 남녀양성적 존재(eine androgyne Natur), 즉 남성적 동정녀(männliche Jungfrau)로 여겨졌다. 예수 그리스도의 존재에 대하여 이렇게 남녀양성적으로 생각하는 방법은 여성에 대한 그리스도론적 인간학의 가능성을 열어 놓게도 되었다. 여성은 더 이상 죄의 근원으로 여겨질 수 없었다. 이러한 생각을 지닌 경건주의자들은 여성에 대한 종교적인 부정적 견해를 제거하여 나아가는데 힘썼다. 이러한 이해와 더불어 19세기에 접어 들면서 사회에서의 여성에 대한 지위와 인식이 점차로 개선되어 나갔다. 그 한 예로 1819년에 경건주의 교회 공동체 가운데 하나인 조아르(Zoar)에서 여성은 완전히 남성과 동등한 권리를 행사할 수 있었고, 교회 내에서도 공적인 지위를 얻을 수 있게 되었다.

경건주의자들은 그들의 각성과 부흥, 갱신의 운동을 루터의 종교개혁에 이은 "제 2의 종교개혁"으로 이해하였다. 그들도 종교개혁자들의 근본의도와 마찬가지로 성서에 대한 가장 우선적인 관심을 표명하였다. 그래서 경건주의 운동 전반에 걸쳐서 성서와의 지속적이고 끈기있는 만남을 강조하게된다. 30년 전쟁으로 말미암은 경제, 정치, 사회 전반의 암울한 분위기는 사람들로 하여금 말세사상에 관심을 기울이게 하였고, 이러한 맥락에서 여성들이 새로운 왕국의 예언자로, 말씀선포자로 등장할 수 있다는 것은 더욱 중요하게 여겨졌다.

그러나 경건주의 운동도 정착되고 제도화되면서부터 여성들의 활약을 저지하기 시작하였다.[21] 환상을 보는 예언자로, 열렬하게 말씀을 전하는 모습으로 활동하는 이 여성들은 경건주의 자체를 거부하는 정통주의자들로 부터만 거부당한 것이 아니라, 경건주의 내부를 차지하고 있는 남성들에 의하여 차츰 격렬하게 비판당하고 거부되게 되었다. 하나의 순수한 종교적 현상으로 등장하여 거대한 회오리바람을 몰고

21) 헤른후트 공동체의 총회에서도 여성의 권리가 달리 인정되었다. 진첸도르프가 살아 있고 지도력을 발휘하였을 때 여성에 대한 권리가 옹호되었으나, 그의 사후 사정은 달라졌다. 여성들의 지도력이 점차 가시화되자 이에 대한 남성들의 거부와 두려움이 심하여졌고, 여성들은 자신의 권리를 옹호하여야만 하였다. 1848년 이후에는 여성들은 총회 참석자 명단에서 조차 사라지게 될 정도였다. Elisabeth C. Miescher, Das Mutteramt des Heiligen Geistes -eine kritische Befragung Zinzendorfs auf dem Hintergrund seiner Biographie und einiger Quellen aus der Kirchengeschichte, 23. (미간행원고)

온 운동으로 성장하게 되기까지 여성들의 활약은 점점 더 두드러지게 되었다. 그것은 하나님이 여성들의 심령에 우선적으로 말씀하신다고 보고 이들 여성들의 활동을 지지했던 경건주의 초기 지도자들이 있었기에 가능한 일이었다. 이 여성들은 아내와 자녀 출산과 양육이라는 전통적 여성상에서 탈피하여 사회와 교회 공동체를 움직여가는 역할을 감당할 수 있었다.[22] 그럼에도 불구하고 이 여성들은 경건주의 운동에서도 끝까지 참여적 주체로 남아있지 못하게 된다.

이들이 세상과 거리를 둔채 관조와 명상의 삶을 최고의 가치로 여겼던 중세기 영성운동과는 달리, 성령의 역사와 사회참여적 영성운동에 가치를 두면서 정의를 향한 목마름으로 평등주의를 주장하며, 행동을 수반하는 믿음을 바탕으로 사회개혁의지를 관철해 나가고자 한 점은 오늘날의 개신교에서 수용할 수 있는 긍정적인 점이라 생각한다.

5. 나오는 말

한 교회조직과 공동체가 형성되는 초기에 여성들이 결정적인 역할을 하고, 그러한 집단이 제도화되어 체계를 갖추고 나면 여성들은 뒤로 물러나게 되어야만 했다는 것은 교회사에서 끊임없이 반복되는 현상이었다. 그것은 경건주의 운동에서도 예외가 아니었다.

교회가 스스로를 절대적 진리라고 주장하던 중세 교회의 경직된 지배이데올로기는 종교개혁의 저항의 원칙에 의해 무너졌다. 그러나 그

---

22) 이들에게 있어서 결혼이란 종교적 활동에 도움을 줄 수 있는 것이었다. 예를 들어 자신은 귀족이면서 평민과의 결혼을 택한 엘레오노라 페터슨의 경우와 에르트무테 진첸도르프의 경우가 특히 그러하였다.

러한 종교개혁의 출현은 탄력적인 대응으로 남아있지 못하고, 시간이 지남에 따라 개신교 정통주의라는 또 하나의 굳어버린 현상을 만들어 냈다. 이와 같은 교리 우선주의와 신앙의 경직화에 대한 반동으로써 경건주의는 등장하게 된다. 이러한 경건주의의 목적은 개인의 거듭남을 통한 사회의 거듭남이었다. 즉 경건주의는 살아있는 실천적 믿음의 모습을 지향했던 것이었고, 그것은 곧 개인의 신앙과 경건으로부터 시작되었으나, 가족, 가정의 울타리를 너머 사회에로 까지 파급효과를 가져왔다. 경건주의 운동을 개인의 차원뿐 아니라, 사회제도적 차원으로 이끌었던 크리스토프 불룸하르트의 표현대로 그리스도인은 두 번 거듭나야한다. 한 번은 예수 그리스도 안에서, 두 번째는 예수 그리스도와 함께 세상속으로 나아감을 통해서이다. 이러한 의미에서 경건주의는 바른 이론(Orthodoxie)만을 강조한 정통주의를 넘어서서, 바른 실천(Orthopraxis)을 추구한 신앙운동이라 할 수 있겠다.[23]

포스트모더니즘은 뚜렷한 정의를 찾아보기 힘들면서도 오히려 기존질서의 해체 내지는 재구성을 통해 사회, 문화, 종교등 전반에 영향을 끼치는 현상이다.[24] 포스트 모더니즘을 현대의 이성과 물질, 개별화된 개인주의와 세속화 경향에 대한 비판적 대응이라고 본다면, 종교적 측면에서 이러한 사조는 영성과 공동체성에 대한 강조의 경향으로 풀이될 수 있다. 즉 세속적 가치에 함몰되어가는 인간으로 하여금 하나님의 말씀을 내면깊이로부터 받아들이며, 실천적 믿음의 삶을 살도록 하자는 것이다. 유교적 집단의식이 강하게 자리하고 있고, 남의 눈에 비추이는 외형적 모습에 지나치게 치중하는 타인지향적 삶을 살아

---

23) 참고: 지형은, "종교개혁의 종교개혁", 『말씀과 교회』, 1996, 11호, 30-31.

24) Cf. D.J. Adams, "Toward a Theological Understanding of Postmodernism", Metanoia, 1997, Vol. 7, 5f.

가는 한국사회이지만, 서구 국가들에 비교하여 볼 때 우리나라의 개인주의화의 경향은 역설적이게도 상당히 강하다. 그런데 집단주의가 아니라, 서로가 서로를 존중하고 공동의 선을 추구하는 공동체의 연대의식과 공동체의 움직임의 필요성은 그 어느 때 보다도 중요하게 부각된다.25) 상대방을 배려하거나, 모이는 것 자체가 힘들고, 드물게 만날 수밖에 없는 현대인의 시간이 쫓기는 삶의 현실을 직시하면서 "보살핌의 윤리"에 기초한 효율적인 공동체성 추구가 필요한 이 시점에서 경건주의 운동은 우리의 모습을 비추어 볼 수 있게 하는 거울과 같은 역할을 한다.

신앙을 규격화, 도식화 시키려는 정통주의의 오류를 극복했으면서도, 경건주의, 경건이란 말이 부정적 성격을 지니는 것은 도덕주의적 위선, 신앙과 삶의 불일치, 개인적 이기주의 등으로 나타나는 경건주

---

25) 공동체 생활을 현대인들의 삶에 적용하여 실행하는 한 구체적 예가 스위스의 몽미라이에 있다. 몽미라이(Montmirail)는 진첸도르프에 의한 독일의 헤른후트 공동체가 스위스에서 재현된 것이라 보아도 과언이 아니다. 진첸도르프는 1710년 그가 9살 되었을 때에 아우구스트 헤르만 프랑케(August Hermann Francke)가 운영하던 할레의 교육기관인 페다고기움(Pädagogium) 으로 보내졌고, 프랑케에게서 독일 경건주의 훈련을 받게 되었는데 이곳에서 스위스 몽미라이로부터 온 프리드리히 폰 봐텐빌(Friedrich von Wattenwyl)을 만나게 되고 우정을 쌓아나갔다. 이러한 교분 때문에 후일에 몽미라이에 직접 방문하기도 했던 진첸도르프는 폰 봐텐빌과 함께 이곳에서 자그마한 신앙과 생활 공동체를 마련하여 헤른후트의 모습대로 꾸며나갔다. 특별히 이곳은 신앙의 자유를 찾아 온 프랑스의 위그노와 이태리의 왈도파 사람들을 위한 공간으로 시작되었다. 평신도 지도자와 설교자, 자유교회 형태의 예배를 문제시하던 스위스 국가 교회의 반대로 교회의 예배 처소로 발전되는 데에는 어려움이 있었으나 모라비아 공동체의 기본 방향에 따라 선교와 교육이 이루어지는 장소로 발전되게 되었다. 그래서 소녀들을 위한 기숙사 학교로 사용되기도 하였다. 20세기에 들어와서 이 곳은 돈 카밀로(Don Camillo)공동체가 재산을 공유하며 예배와 기도와 생활을 공유하는 공간으로 만들어 나갔으며, 현재는 교회 모임을 위한 수양회 공간, 연수나 회의의 장소 뿐 아니라, 영성 훈련의 장소로 여러 연령별 사람들이 모이는 공간으로 활용되고 있다. 특별히 이곳은 청소년과 젊은이들뿐 아니라 여러 세대의 사람들이 많이 찾아와 신앙생활에 활력을 얻는 곳이기도 하다. 그리고 스위스 안에 있는 헤른후트 공동체는 정기적으로 이곳에서 그들의 모임을 갖는다. 몽미라이 공동체는 변화하는 시대적 요구에 부응하면서도 신앙적 요소와 전통의 가치를 간직하고 조화를 이루는 곳이다. http://www.montmirail.ch

의에 대한 선입견 때문일 것이다. 우리는 이러한 선입견과 몰이해를 극복하고 오늘날 관심 갖는 영성운동에서 경건주의의 본래적 의미를 되살려야 한다. 그것은 하나님에 관한 일차원적 명상 속에 잠겨, 나와 하나님 이외의 자연, 이웃, 사회, 세계의 그 어느 것도 생각하지 못하는 정적주의(Quietism)와는 전적으로 다른 것이다. 그것은 또한 세상과의 단절과 거부를 추구하는 기도원운동과도 전적으로 다르다. 신앙과 기도는 일차적으로 나 자신을 위한 것이다. 그러나 그것은 나만을 위한 것일 수가 없고 우리의 신앙과 기도가 되어야 하는 것이다. 공동체의 운명을 위한 기도, 우리의 죄악으로 신음하는 자연세계를 보호하기 위한 기도여야 한다. 그 기도는 바로 우리가 할 수 있는 일들과 해야될 일들을 행동으로 실천하기 위한 기반이며 첫걸음이 된다.

흔히들 21세기는 3F(female, feeling, fiction)가 주도하는 시대라고 한다. 그리스도교 운동에서도 마찬가지일 것이다. 그리스도교 역사 2000년 동안 여성들은 실질적이고 주도적 역할을 감당했음에도 불구하고 다양한 이유로 인하여 강요된 수동적 침묵가운데 살아왔다. 여성들이 주도적 역할을 담당했던 것은 제도적으로 체계를 마련하는데 기여하는 정도였다. 그 이후 여성들은 비가시적 존재로 전락하거나, 의사 결정권을 갖지 못한 불평등한 구조 속에 남아 있었다. 두 번째 천년의 끝자락에 가서야, 그것도 부분적으로만 여성은 공식적으로 교회 내에서 그들의 공적인 소리를 낼 수 있었다. 그럼에도 불구하고 아직까지도 진정한 여성 리더십이 발현되지는 못하였다. 혹은 소수의 여성이 리더십을 발휘할 수 있는 자리에 있게 되었다 하더라도 남성적 지배구조와 내용을 그대로 답습한 경우가 많이 있었다. 이것은 가부장주의가 가모장주의로 바뀐 생물학적 변화를 가져온 것 이외에 크게 달라진 것이 없다는 뜻이다. 여성에게 다각적인 차원에서 기회가 열려져있는 것 같으나 오늘날에도 여전히 교회와 사회 안에서 제약은 많다.

여성신학, 그리스도교 여성운동이 지향하는 바가 그동안 남성들이 가진 기득권을 이제 여성들이 한 번 잡아보고 누리자는 것일 수 없다. 다양한 사회적 문제와 욕구 앞에서 상처를 치유하고 돌보며, 지금까지 간과되거나 오해된 복음의 내용을 끊임없이 새로이 선포하는 작업을 통하여 피조물의 온전한 질서를 회복하고 체질적으로 다른 평등과 상호 인정과 존중의 문화를 확산하는 것이 교회 안에서 여성들에게 주어진 기회를 통하여 이루어 갈 작업이다. 오늘날 현대사회는 보스가 아니라, 힘의 공유와 상대방에 대한 배려를 통한 능력개발을 지원해 주는 리더가 필요하다. 그런데 우리에게는 리더가 아니라 보스만 많다. 여성들이 리더로서의 역할을 더 잘 할 수 있다는 것은 아니다 여성이 권력을 갖게 될 때 더욱 무서운 보스로 드러나는 경우도 많다. 문제는 생물학적 성을 떠나서 돌봄과 배려와 소통과 네트워킹을 촉구하는 정신과 방법의 확산이다. 여성에게 리더의 기회가 주워진다면 이런 문화 확산에 기여해야 된다는 뜻이다.

낭만주의 거장 슈베르트 음악의 선율은 시대와 지리적 경계를 너머 여전히 매력적이다. 그의 음악이 개인의 차원에만 머무르지 않고, 사회와 시대적 고뇌를 감미로운 서정적 낭만성으로 승화시킨 멋을 지니고 있기 때문에 그 매력은 더욱 깊이가 있는 것이리라. 우리의 신앙의 모습도 이러한 낭만성을 뿜어 낼 수 있었으면 좋겠다. 그리고 그 낭만성은 개인주의화된 낭만성이 아니라, 공동체의 선(Goodness)을 향한 낭만성이 된다면 더욱 좋겠다. 그리고 그것이 이 시대의 교회의 모습이라면 더 더욱 좋겠다.

05

제 3의 길

- 요셉 로마드카

1. 들어가는말

한국 개신교회는 피선교국에서 선교국으로 그 위상을 바꾸어 가면서 세계각국으로 선교에 열심이다. 복음의 기쁜 소식을 전하고자 하는 열정은 중요하지만, 선교와 더불어서 피선교지의 종교적, 역사적, 문화적 배경을 이해하고자 하는 노력은 매우 중요하다. 그러한 노력이 결여될 경우 일부 미국 선교사들이 19세기에 이 땅에서 그러했던 것처럼, 한국의 문화 역사적 특성을 무시한 채 일부 개신교의 일방적이고 오만한 선교의 방법과 태도를 되풀이하며 무분별한 한국식 개신교 교파분열만 이식하는 오류를 범하게 되는 것이다.

한국교회가 새로운 선교 대상으로 지목하는 동부유럽의 교회와 신학은 우리에게 여전히 잘 알려져 있지도 않고, 여전히 낯설다. 우리는 오랜동안 동구권 유럽의 국가들과 단절된 관계 속에 살아왔기 때문이기도 하다. 한국 그리스도교의 반공주의 정책이 이러한 경향을 더욱 뒷받침하여 온 것도 사실이다. 로마 가톨릭 교회, 그리스 정교회, 러시아 정교회 역사에 대한 무지와 심지어는 이들을 이단시하는 개신교적인 전투적 태도에서 많은 과오들을 범하기도 한다. 이것은 개신교와 로마 가톨릭, 동방정교회와의 연합이라는 넓은 의미에서의 에큐메니칼 의식과 정신이 부족하기 때문에 비롯된다. 또한 이러한 현상은 무엇보다도 교회사에 대한 인식이 부족한 것을 여실히 들어낸다. 그래서 동구유럽 정교회와 가톨릭 사제들이 어느 사회주의 독재 체제에서도 경험해 보지 못한 핍박을 한국 개신교 선교사와 목사들에게서 듣는 다고 하소연하는 소리가 있을 정도이다.

이와같은 상황에서 동구유럽의 교회와 신학을 이해하기 위한 작은 발걸음으로, 여기 20세기 동구유럽의 신학을 대표했던 요셉 루크 로마드카(Josef Lukl Hromadka)의 신학적 내용과 노력들을 소개하고자 한다[1]. 로마드카는 과거와 미래의 넓은 시간적 영역을 연결시키는 사고를 전개하여 갔던 신학자이다[2]. 그것은 역사적 현재를 진지하게 받아들인다는 그의 강조점에 모순되는 것이 아니라 서로 보완되고 조화되는 것이다. 과거와의 연관성과 현재가 준비하는 열려진 미래에로의 전망과의 연관없이 현재에 진지하게 받아들여지지 않는다. 우리의 역사적 상황은 주어져 있는 것에 대한 회개적 청산없이 그리고 미래에로의 가득찬 희망없이 이해될 수 없다. 로마드카에게서 바로 이러한 신앙의 회개와 희망이라는 두가지 기본개념이 강조되는 이유가 여기에 있다. 과거에 대한 회개와 미래에로의 희망 안에서 현재의 신앙적 이해에로의 열쇠를 역동적으로 찾아가면서, "역사바로보기(Der Geschichte ins Gesicht sehen)"를 정열적으로 시도해 나간 이가 바로 로마드카이다.

2. 로마드카의 생애[3]

1) 유년시절

지금의 체코공화국은 전통적으로 보헤미아와 모라비아(뵈멘과 메렌)

---

1) 이논문은 다음의 논문을 토대로 수정, 보완된 것이다. 정미현, "체코 신학자 요셉 로마드카(1)(2)", 『복음과 상황』, 1997년 1월호/2월호.

2) 로마드카의 신학이 영어권과 독일어권은 물론 일본에도 비교적 잘 소개되어있는데 비하여, 우리에게는 잘 알려져 있지 않다. 필자가 아는 바로, 로마드카는 1970년대에 정하은에 의하여 우리나라에 처음 소개되었다. 참고: 정하은, "공산세계의 사도 로마드카", 『그리스도교사상』 1973년 12월, 83-92. 정하은, "요세프 로마드카", 『현대신학자 20인』, (서울: 대한기독교서회), 1970, 133-141.

3) 이 부분은 로마드카의 조교로 오랜동안 활동했던 밀란 오포첸스키의 글에 기초하고 있다.

지역으로 나뉘인다. 로마드카는 1889년 6월 8일 슬로바키아와 폴란드에 인접한 북모라비아지역의 호드스라비체에서 농부의 아들로 태어났다. 어린 로마드카는 그의 선조들이 1781년 "관용의 시대"이후로 뿌리내렸던 루터교에서 자라났다. 1899년에서 1907년까지 로마드카는 고등학교에 다녔고 그 곳은 독일적 국수주의가 강한 지역이었기 때문에 그에 대한 반작용으로 그에게는 체코인으로서의 애국심이 일찍이 싹트게 되었다. 체코의 유명한 역사가 팔라츠키의[4] 전통과 영향때문에 그는 역사에 무척 관심을 갖고 공부하였다. 고등학교 시절 로마드카는 이미 노동운동에 관여하였다. 이 시기에 이미 그는 철학교수이며 후에 체코 제 1대 대통령이 된 마사리크의 영향을 받았는데, 특히 마사리크가 로마가톨릭교회를 떠나 체코 종교개혁을 굉장히 소중하게 생각한 것은 개신교 신앙을 가진 로마드카에게 중요한 일이었다. 마사리크와 더불어 당시 체코인들은 국민적 자각을 갖는 것이 체코종교개혁을 연장시키는 것이라 여겼다.[5] 이것은 또한 15세기 체코 종교개혁이 독일 지배에 대한 항거로써 정치적 의미도 지님을 말해준다. 젊은 로마드카는 또한 문학에도 지대한 관심을 가졌다. 요셉 마카르 (1864-1942)라는 시인을 비롯해 톨스토이, 도스토엡스키등과 같은 문학가와 철학자 니이체는 당시 젊은이들의 마음뿐 아니라 로마드카의 관심을 사로 잡았다. 그때까지 역사나 문학에 더 관심이 있었던 로마드카는 그것들을

Vgl. M. Opocensky, "Josef L. Hromadka. Eine Einführung", *Sprung über die Mauer. Ein Hromadka-Lesebuch*, (Wuppertal: Hammer, 1991), 11-22.

4) 황정식, "팔라츠키와 체코민족운동", 『동국사학』, 51권 (2011) 447-497.

5) 마사리크는 코메니우스의 신학적 유산과 교육철학, 민족의식에 상당히 영향을 받았던 인물이다. 요한 아모스 코메니우스에 대한 책의 머리말을 써 주면서 마사리크는 1차 대전을 겪으면서 어려웠던 시절과 자신의 정치적 여정 내내 자신을 지탱하고 일으켜 세워준 것은 체코어 성서와 코메니우스의 신학사상이었음을 밝히고 있다. Jan Jakubec, *Johannes Amos Comenius*, (New York: Arno Press, 1971), 7.

좀 더 공부해보고 싶은 마음이 있었다.

2) 목회자로서의 길

1907년 오스트리아 비인에 있는 개신교 신학부에서 로마드카는 신학공부를 시작하였다. 거기서 그는 신약신학자 루돌프 크노프, 구약신학자이자 성서 고고학자인 에른스트 셀린에게서 공부했다. 그후 그는 스위스 바젤대학의 파울 붸른레와 독일 하이델베르그대학의 요한네스 봐이스에게서 신약학을 더 공부하였다. 구약학은 바젤대학의 베른하르드 둠에게서 배웠으며, 특히 예언사상에 관심을 가졌다. 이들 교수들보다 로마드카에게 더 결정적으로 중요한 영향을 끼친 이는 에른스트 트뢸치였다. 로마드카는 프리드리히 고가르텐과 나란히 트뢸치의 세미나에 참석하였다. 한 번은 트뢸치가 고가르텐과 더불어 그의 세미나에 참석한 로마드카를 칭찬하여 "조직신학적으로 좋은 머리를 지니고 있다"고 말하였다고 한다. 이러한 칭찬덕분이기도 하겠지만 당시 신학계를 주도하던 트뢸치의 독특한 인물됨에 이끌려 로마드카는 본격적으로 조직신학과 종교철학을 공부하게 된다. 로마드카는 당시에 트뢸치에게서 특히 역사에 대한 관심과 역사적 유물주의, 비신학적 요소들에 대한 감각등을 배우게 된다. 종교개혁의 의의를 새롭게 조명해보는 것도 로마드카가 트뢸치에게서 배운 것이었다. 유럽의 정치, 문화, 사회 제반분야를 망라하는 트뢸치의 폭넓은 사고영역과 사고방식에 로마드카는 그 당시 무척 감탄하였다.

1911년 가을 로마드카는 스코트랜드로 여행하였다. 당시는 1910년에 에딘버러에서 있었던 세계교회 회의의 여파가 스코트랜드 전 지역에 미치고 있을 때였다. 로마드카는 영국적인 거시적 안목의 정치와 더불어 앵글로색슨적 개신교주의와 존 모트를 비롯한 그리스도교인들의 선교열정에 무척 감동하였다.

여러지역에서의 다양한 신학수업과 경험을 쌓고 난 뒤에 로마드카는 그의 고향에서 1912년 9월 8일 안수를 받게 된다. 이때는 한편으로 독일과 프랑스와 다른 한편으로 오스트리아, 헝가리와 러시아 사이의 긴장과 대립이 고조되어가던 시기였다. 로마드카는 이미 당시에 학문적 신학이라는 것이 교회생활에 별로 큰 도움이 되지 못한다는 것을 알았다. 교회에서 실제로 일들을 맡아 감당해 가는 가운데 로마드카는 이러한 자각을 하게 된 것이었다. 제 1차 세계대전을 경험하고 난 뒤 19세기 자유주의 신학은 문제적으로 조명되어지기 시작하였다. 에른스트 트뢸치가 1915년 베를린 대학에서 그의 소속을 신학부에서 철학부로 바꾼 것은 자유주의 신학의 문제성을 극명하게 상징적으로 드러낸 것이었다. 그 배경에는 철학의 가장자리에서 신학을 해 나간다는 것이 충분하고 또한 가능하다는 사고가 확실히 지배하고 있었다.

1916년 3월 부터 로마드카는 대도시인 프라하에 있는 살바토르교회에서 부목사로 일하게 된다. 그 당시만해도 로마드카는 학문적인 영역에서 활동할 것을 염두에 두지 않았었다. 그럼에도 불구하고 그는 당시 진행되는 신학적 토론들을 주의깊게 살펴보았다. 그는 프라하에 있는 철학부에서 다시 공부를 시작하여 마사리크의 종교철학을 주제로 학위 논문을 준비하였다. 그와 동시에 그는 설교하는 사명을 계속 감당하여 갔고 성서주석에 많은 노력을 기울였다. 이러한 성서주석을 통하여 그의 이름이 알려지게 되었고 특히 젊은층의 관심을 끌게 되었다. 레샤, 소우첵, 보하시등과 더불어 로마드카는 혼신의 힘을 기울여서 보헤미아와 모라비아(뵈멘과 메렌)지역에 둘로 갈라진 개혁교회와 루터교회를 연합시키려 노력하였다. 이러한 분열은 반시대적인 것이었다. 루터교회의 부목사로 활동하면서 그는 교회적으로나 신학적으로 개혁교회가 루터교보다 훨씬 생동감있다는 것을 보았으며 양 교파가 연합한다면 서로에게 더 많은 도움이 되리라는 것을 체험하였다. 이러한 의도를 지닌 로마드카는 특히 젊은이들을 중심으로 교회의 일치와 연합을 꾀하도록 시도하였다. 그러나 이러한 생각은 비인에 있는 중앙 종교청의 관심 밖의 일이었으며, 이 일을 계기로 그는 1918년 전쟁 말기에 갈리지엔에 종군목사로 보내지게 된다. 전장에서 로마드카는 많은 것을 경험하게 되었고 이것은 그가 신학적으로 정치적으로 입장을 세워 나가는 데 여러가지로 영향을 끼쳤다. 전투와 포염을 경험하면서 그는 그의 신학적 방향을 성서와 종교개혁적 유산에 맞추기로 결단한다. 군주제가 무너지고 난 후 몇주간 동안 혼란과 무질서가 난무하는 군대 안에서 로마드카가 통솔을 맡아야 했다. 그 이유는 로마드카만이 그러한 혼란을 잠재할 수 있는 특유의 권위를 지녔기 때문이었다. 이미 그 때부터 로마드카는 1917년 혁명의 의미를 주목하였다. 체코역사에서 보여졌던 혁명적 사건들 때문에 로마드카는 혁명이라는 것에 대해 비교적 열린 자세를 지녔다. 1917년 혁명을 평가하는 그의 태도는 무엇보다도 마사리크의 "러시아와 유럽"이라는 책과 러시아 문학작품을 읽은 데에서 영향 받고 비롯된 것이었다. 마사리크는 누구보다도 혼돈적이고 모순적인 사건들을 깊이 있고 포괄적으로 파악해 내었던 인물이었다. 불안한 러시아로부터 갈리지엔으로 밀려 온, 혁명을 눈으로 직접 목격한 사람들과의 만남 또한 로마드카에게 중요한 영향을 끼쳤다. 그는 이 역사적 사건을 러시아뿐만 아니라 유럽사회 전체를 포괄하는 시각에서 살펴보게 되었다.

3) 신학자로서의 길

1918년 체코 제 1 공화국이 생겨났고, 새로운 체코공화국의 탄생을 로마드카는 무척 기뻐하였다. 그 무렵에 로마드카는 그의 신학적 사고에서 자유주의 신학사조로 부터 거리감을 갖게 되었다. 그는 19세기 자유주의 신학이 하나님의 심판의 차원을 망각해 버렸음을 상기했다. 왜냐하면 19세기 자유주의 신학은 복음과 당시의 유럽적 그리스도교 문화와 문명을 안일하게 동일시하면서, 구약시대로부터 이어진 예언 사상에서 강조하는 전체 사회공동체의 변혁의 차원을 도외시하였고, 복음을 자기정당화의 도구로 전락시켰기 때문이다.

1918년에 체코 개신교회는 하나의 연합체제로 전환을 맞게된다. 당시 로마드카는 체코 개신교회가 체코종교개혁의 유산을 더욱 철저히 자각하도록 촉구하였다. 이러한 맥락에서 그는 교회가 세상으로부터 도피하려는 태도를 경고하였으며 교회의 사회, 정치적 책임을 아울러 강조하였다. 교회는 개인적 영혼구원과 돌봄의 차원을 넘어서야 하는 것이기 때문이다.

1919년 로마드카는 새로 개편된 보헤미아 동포단의 개혁교회의 목사로서 쇼노브에 있는 한 교회를 맡아 봉사하게 되었다. 그 후 프라하에 후스 신학부가 세워지게 되자 그는 곧 조직 신학분야에서 교수자격시험 논문을 쓰도록 요청받았다. 그때까지만 해도 그는 종교철학 분야에 대해 더욱 준비가 잘 되어 있었으므로 "마사리크의 종교철학과 학문적 교의학의 토대"라는 제목으로 그는 교수 자격시험 논문(Habilitation)을 마쳤다. 그는 1920년 4월 18일 부교수로 발령받게 되었고 1928년 1월 1일 정교수가 되어 그 후 1969년 그가 죽기까지 약 50여 년 동안 교수 생활을 하였다. 교회 일을 맡아하기를 즐거워했으며, 교수 생활을 하면서도 열심히 교회에 봉사하였음에도 불구하고, 그는 점차 더 가르치는 일과 학생들을 영적으로 돌보는 일에 정열을 쏟게 되었다.

신학의 새롭고 책임있는 기반을 마련하기위한 분투는 몇 년동안 계속되었고, 로마드카의 학생들도 이 투쟁에 합세하였다. 이를 위해 교의학의 개념들, 교리, 교회의 고백문서들을 재정비하는 것이 필요하였다. 학생들과 더불어 수많은 대화를 나누었으며, 그들을 위하여 성경공부시간을 마련했고, 기도모임에 함께하고 단촐한 학생기숙사로 학생들을 방문하기도 하였다. 그가 하는 일을 통하여 그는 옹졸함을 내보이는 적이 결코 없었고 교수라는 거만함을 드러내지도 않았다. 또한 그는 신학과 철학의 거대한 조류들, 세계문학을 학생들에게 거침없이 소개하였다. 그 가운데에는 특히 도스토옙스키, 마사리크[6], 마르크스의 사상들도 있었다. 교수등용강연(Antrittsvorlesung)에서 (1920년 5월 12일) 그는 사회주의 운동에 대하여 말하였고, 마르크스와 레닌의 사상에도 주목하였다. 그것은 이 사상가운데 종교와 관습으로부터의 해방이 철두철미 전개되었다고 보았기 때문이다. 학생들과의 따뜻한 유대관계는 로마드카의 평생동안 변함없이 지속되었다. 그것은 그가 미국으로 건너가서 활동하던 시절에도 마찬가지였다. 그는 학생들의 비난, 고충, 회의 그리고 아주 사소한 개인적인 고민이라도 들어 줄 용의가 있었다. 학생들과, 혹은 목사들과, 장로들, 또는 평신도들과 나누게 되는 대화들을 그는 무척 중요한 그의 과제 중의 하나로 여겼다. 그의 부인 또한 찾아오는 손님을 따뜻이 맞아주는 친절함을 지녔었다. 학생들과 동료들은 언제라도 그의 집에 찾아갈 수 있었고 받아들여졌다.

그리스도교 전통에 대하여 사려깊게 공부해 가는 가운데 로마드카

---

6) 김학은, 『이승만과 마사리크. 대한민국 체코 건국대통령의 인물과 사상 비교』, (서울: 북앤피플, 2013), 407-660.

는 가톨릭주의에 대하여 주목하게 되었다. 이러한 특별한 노력은 반가톨릭주의적 성향이 지배적이던 시기에 그로 하여금 많은 문제를 야기하게 하였다. 가톨릭 신학과 교회에 대하여 조금이라도 긍정적인 것을 말한다는 것 자체가 당시로서는 상당히 용기있는 행동이었다. 제2 바티칸 공의회가 열리고 난 후에야 몇몇의 사람들이 가톨릭주의에 관심을 보이는 실정이었다. 로마드카는 그의 강의에 가톨릭 신학자인 질송, 마리테, 프리츠봐라, 구아르디니등을 지속적으로 인용하였다. 동방정교회의 사상가들 가운데에는 베르자예프, 소로브예프, 쵸마코프 등을 누구보다도 자주 인용하였다. 이러한 점에서 한가지 더 언급할 것은 로마드카가 누구보다도 먼저 유대교 학자들, 로젠츠바이크, 부버, 쉽스, 브로드등과 일찍이 대화를 시도하였다는 것이다. 누구나가 자기 전통의 뿌리를 찾고 그 핵심적인 요소들을 찾아야 한다는 것이 로마드카의 견해였다. 바로 이러한 기반위에서만이 결실있는 에큐메니칼 대화를 전개하고 서로를 풍요롭게 만들 수 있다고 보았기 때문이다.

로마드카는 문화와 그를 둘러싼 사회와의 대화를 청년기독인모임(YMCA운동)의 틀 안에서 전개하였다. 그는 이미 1912년 스코트랜드 유학시절 기독학생운동에 대하여 배우게 되었다. 청년 기독인모임과 관련하여 그리스도교적으로 방향지워진 지식인들이 모이게 되었다. 이들이 하는 일의 최정점에는 매년 여름에 중고등학교 어린 학생들을 위한 집회가 있었다. 엠마누엘 라들과 야로스라브 짐사와 더불어 이들의 지도하에 영적, 정신적으로 깨어진 체코 지식인들이 모였고, 많은 젊은이들이 이 운동의 혜택을 받고 자랐다. 이러한 배경하에 로마드카의 에큐메니칼 사업들이 전개되었다. 체코슬로바키아 그리스도교 학생운동을 이끌어가는 지도자의 자격으로 그는 근동지역과 인도로 오랜동안 여행을 떠나게 되고 이 여행기간 중에 그는 마하트마 간디를 만나게도 된다.

1930년대는 무엇보다도 민주주의를 수호하고 파시즘에 맞서 대항하는 것이 시급한 당면과제였다. 로마드카는 독일 고백교회운동에 매우 주목하였고 고백교회운동에서 진행되는 회의와 결정사항들을 정기적으로 체코 교회에 보고하였다. 1934년에 나오게 된 바르멘 신학 선언[7]은 매우 가치있는 사항으로써 이들에게도 주목받게 되었다. 스페인 공화국과 독일 반파시즘주의자들을 돕는 일은 구체적으로 당시 선결과제였다. 이러한 과제 앞에서 로마드카는 율리우스 푸시크, 즈데넥 네예들리등의 좌익 지식인들과 더불어 일하였다. 그러나 체코 공화국은 1938년의 뮌헨협정에 의하여 1939년 독일의 "보호"하에 들어가게 되었다.[8] 로마드카의 친구 비써트 후프트는 그를 살려내기 위하여 로마드카에게는 말하지 않은 채 강연을 핑계로 그를 스위스 제네바로 불러내고 그의 아내와 두 딸과 더불어 미국 뉴 저지에 있는 프린스턴 신학교 교수로 초빙되게끔 주선하였다.

4) 미국대학에서의 활동

이렇게해서 이후 8년동안 로마드카와 그의 가족들은 미국에 체류하게 된다. 당시 미국의 신학은 근본주의 신학과 니이버 형제에 의하여 대변되는 사회 참여적 신학사이의 논쟁이 여전히 지배적이었다. 이 두 가지 조류 속에서 로마드카는 19세기 유럽적 낭만주의의 비판에 의하

---

7) 참고: 정미현, "바르멘 선언 제 1항과의 관련성에서 본 자연신학의 문제", 『조직신학 논총』, 1집, 1995, 85-101.

8) 바르트는 이에 항의하며, 체코인들이 저항할 것을 독려하는 편지를 로마드카에게 보냈었다. 참고: 각주) 16, 136쪽

여 사라지지 않은 합리주의와 도덕주의를 찾을 수 있었다. 프린스턴 신학교의 학장이었던 존 멕케이는 로마드카에게 변증법신학을 해석해 주도록 요청하였다. 바르트, 브루너의 신학은 미국에서 당시에 잘 알려져 있지 않았다. 그래서 로마드카는 정기적으로 "위기의 신학"에 대하여 강의를 진행시켜 나갔다. 유럽에서 생겨난 새로운 신학의 조류를 미국에 가능한한 정확하게 소개, 전달하고, 확산시키는데 로마드카의 공헌이 많았다고 볼 수 있겠다.

오래가지 않아 그는 학생들에게 가장 인기있는 교수가 되었고, 학생들은 그의 집이 있는 알렉산더 거리로 몰려왔다. 신학은 강의실뿐만 아니라, 개인적인 대화들 속에서도 이어졌다. 그의 학생들은 물론 대부분이 미국인이었으나 그외에도, 일본인, 한국인, 중국인, 라틴 아메리카인도 있었다. 이들과의 대화를 통하여 그는 제 3세계의 문제에 직면하게 되었다. 그는 북아메리카 이외 지역에서 온 학생들에게 항상 용기를 불러일으켜서 유럽이나 미국신학의 복사가 아닌 그들 나름대로의 문화와 역사에 뿌리를 둔 상황신학을 전개하도록 도왔다. 당시 여건으로 볼때 로마드카가 오늘날 활발히 논의되는 토착화 신학을 염두에 두었다는 것은 무척 앞서간 시도였다.

5) 귀향 후 활동

제 2차 세계대전 이후에 로마드카는 미국에 계속 머무를 수 있었으며, 만약 그가 그리했더라면, 그는 확실히 신학교수로서 유명해 질 수 있었을 것이다. 1947년 여름 그가 미국을 떠나 영구적으로 고국으로 되돌아 가려하자 몇몇의 미국인 동료들은 섭섭함과 아쉬움을 금할 수 없었다. 많은 사람들이 사회주의체제화되는 동구유럽을 떠나던 시기에, 그는 오히려 소위 가장 풍요로운 자유민주주의의 나라 미국에서 불확실하고 불안정한 체코의 상황속으로 다시 되돌아오게 되었다. 그 때 그의 나이는 거의 환갑을 바라볼 때였다. 그러나 그는 체코에서 용감하게 교수, 설교자, 목회자, 정신적 지도자로서의 그의 과제를 감당해 나갔다. 소시민적인 그리스도교인들은 급진적 변화를 준비하고 있지 못하였다. 그는 특히 그리스도교 문명에 대한 하나님의 심판에 대하여 역설하였다. 그는 18세기와 19세기의 혁명들의 성과로써의 인본주의와 민주주의의 이상과 가치를 늘 높이 평가하였다. 그럼에도 불구하고 급진적 사회주의의 관점에서 주어진 현실을 말씀을 전하고 인간에 대해 봉사할 수 있는 기회로 진지하게 받아들여 볼 것을 교회에 촉구하였다. 그는 목회적 관점에서 정치에 지대한 관심을 갖었지만 어느 정당에도 소속하지는 않았는데, 그것은 그가 한 정당에 속함으로써 자유가 제한되는 것을 꺼렸기 때문이다. 인간의 삶이란 정치와 연관되어있다는 것을 로마드카는 알았고 그러한 정치적 현실을 진지하게 받아들일 것을 강조하였다. 현재의 역사현실이 혼돈되고 뒤엉켜 있는 듯해도 그것을 극복하기 위하여 역사를 진지하게 받아들일 것을 그는 말하였다.

이러한 신학적 신념은 로마드카로 하여금 냉전체제시대에 그리스도교인들과 마르크스주의와의 대화를 주도하게끔 하였다. 모든 정열을 다하여서 그는 교회와 에큐메니칼 운동이 맹목적인 반공주의로 흘러가는 것을 막기 위하여 애썼다. 이론과 실천과의 연결성, 역사적 관점, 인간의 삶 가운데 경제적 요소에 대한 자각, 사회정의에 대한 열정 등은 그가 마르크스주의에서 높이 평가한 점이었다. 그러나 그와 동시에 그는 마르크스주의 인간학에서 보여지는 근거없는 낙관론, 이 세계 안에 악의 다양한 존재성이나 인간성의 상실을 과소평가하는 것 등은 문제적으로 생각하였다. 이러한 현실을 직시하면서 그는 마르크스주의와의 대화를 주도하여 나갔던 것이다. 그 대화에서는 하나님의 존재뿐 아니라, 악의 존재, 권력의 문제에도 주목했으며 특히 사회가 유지되는 데 필수 불가결한 사랑, 용서, 화해등의 차원에 대하여도 중요시하였다.

제 1,2차 세계대전 사이에, 그러나 무엇보다도 미국에서 모국으로 되돌아오고 난 뒤 로마드카는 평화운동에 열정적으로 참여하였다. 그는 1958년 프라하에서 그리스도교 평화협의회(Christliche Friedens Konferenz)를 결성하였고 로마드카는 그 협의회의 의장직을 오랫동안 맡아 이끌었다. 평화를 위한 그의 참여는 신학적으로 근거지워진 것이었고, 교회는 이 협의회의 중심체 역할을 감당했다. 1948년부터 1968년 까지 로마드카는 또한 세계교회협의회(World Council of Churches)[9]의 중앙 위원으로서 국내, 국외를 망라하여 유럽 대륙 뿐만 아니라, 다른 여러 대륙을 여행하고 강연과 설교를 하였다.[10] 이 모든 일은 교회와 그리스도교인이 세계에서 벌어지는 문제상황에 연대적

9) 한국교회는 1950년대에 반공주의 문제와 WCC 회원 가입 문제로 대한 예수교 장로회가 통합과 합동으로 분리되었다. 특히 미국 반공주의의 대표주자인 칼 매킨타이어(Carl Mcintyre)의 근본주의적 성향은 이러한 분열을 가속화 시키는데 결정적 역할을 하였다. 이에 대해서는 다음의 책을 참고: 김인수,『한국기독교회의 역사』, (서울: 장로회신학대학교 출판부, 1997), 630-642. 윤정란,「한국전쟁과 기독교」근간

10) 2013년 세계교회협의회 제 10차 총회가 우리나라 부산에서 개최되었을 때 총회 준비기간과 진행되던 시기, 그리고 그 이후에도 세계교회협의회에 대한 일방적 비난이 지속되었다. 1961년 인도 뉴델리 총회 이후 아주 오랜만에 아시아에서 다시 열린 귀중한 총회였기 때문에, 아시아의 문제를 포함하여 현재 전 세계적으로 직면한 교회와 사회의 현안문제들의 포괄적 논의가 이루어져야 할 중요한 자리였다. 그럼에도 불구하고 적극적이고 건설적인 한국교회의 참여가 이루어지기 보다는 세계교회협의회를 매도하며, 소모성 논쟁이 되풀이 되었었다. 이 논쟁 가운데 한가지가 세계교회협의회가 용공이라는 것이었다. 그런데 실제로 냉전체제 시기에 세계교회협의회는 용공이 아니라, 반공주의적 색채가 더욱 강하였다. 바로 이러한 반공주의적 성향 때문에 로마드카는 메카시즘과 미국의 영향하에 있었던 세계교회협의회의 일방적 편향성과 전개에 문제를 제기했고 균형잡힌 시각을 오히려 추구하였기 때문에 이에 대한 비판을 서슴지 않았었다.

책임을 져야 한다는 그의 신학적 신념에서 비롯된 것이었다.

마사리크에 대해서 공부하고 종교 사회주의자들의 문서를 접함으로써 로마드카는 공산주의 문제에 대응하고 준비하게 되었다. 그러나 실제적으로 공산주의 정권하에서 살아 간다는 것이 문제가 없는 것은 아니었다. 그는 계속하여 통치권자들에게 문제적 인물로 보여졌다. 그는 사회주의 국가의 이상을 호감갖고 인정하였을지라도 비판적 거리감을 잊지 않으려 하였다. 때문에 그는 그의 비판적 관점을 드러내는 수 많은 편지와 글들을 당 지도부와 정치 지도자들에게 써 보냈다. 그렇다고 해서 모든 일을 한꺼번에 바로 잡을 수는 없었고 어떤 경우에는 시정이 되기도 하고 도울 수도 있었으나 또 어떤 경우에는 문제상황을 막아 낼 길이 없었다. 1968년의 민주화 과정을 로마드카는 그 누구보다도 진심으로 환영하였고, "인간의 얼굴을 한 사회주의"운동은 그가 확신에 차서 기여한 일이었기 때문에 더욱 그러했다. 그러나 프라하에 입성한 소련군대로 말미암아 이 민주화 과정은 막을 내리게 된다. 1969년 12월 26일 그가 사망하자 체코신학의 한 중요한 막이 내려졌다. 로마드카도 확실히 완벽한 신학자는 아니었다. 그 자신도 많은 오류를 범했고 그의 많은 분석들도 수정되어져야 한다.[11] 그럼에도 불구하고 그는 체코 교회사의 한 장을 장식하기에 충분한 인물일 뿐아니라, 20세기 동구권을 대표하는 현대 신학자의 거장으로서 고찰되어야 할 인물이다.[12]

---

11) 벨벳혁명이후 체코 사회와 교회는 미국 중심의 서구화의 물결의 영향을 많이 받았다. 그래서 로마드카와 같이 공산주의 체제의 문제성을 알지만, 그래도 사회주의의 긍정적인 점을 살려내고 싶어했던 신학자에 대해서는 현재 관심이 현격히 줄어들었다. 체코는 오랫동안 소련의 지배를 받았기 때문에 소련에 대하여 염증을 느낀다. 그리고 미국지배의 영향력에 대해서는 모르기 때문에 균형잡힌 감각과 비판력을 상실한 채 일방적으로 미국식 자본주의를 선호하는 경향이 많다.

12) 미국 오스틴 장로교 신학교(Austin Presbyterian Theological Seminary)에서 그 시대를

3. 로마드카 신학의 내용

1) 로마드카 신학의 위치

로마드카는 칼 바르트와 동시대에 살면서 공간적으로 다른 환경에서 살았으나 바르트와 신학적 연대성을 지니고 그의 길을 걸어갔던 신학자이다. 그에게 있어서도 바르트에게서와 같이 예수 그리스도 안에 나타난 하나님의 자기계시가 그의 신학적 작업에 중추적 역할을 한다. 로마드카와 바르트의 수제자였던 얀 밀리치 로흐만은 로마드카를 다음과 같이 평가한다. "로마드카의 역할은 그 정신사적, 사회적 상황에서 독일어권과 에큐메니칼 영역에서 바르트의 영향과 필적할 인물이다."[13] 로마드카는 바르트와 마찬가지로 19세기 신학적 배경에서 성장했다. 무엇보다도 "문화 개신교주의(Kulturprotestantismus)"의 배경에서 이들은 하나님을 문화-시민적 이상으로 가두어 버리려는 경향에서 탈피하고자 하였던 것이다. 그러므로써 이 두 신학자는 신학적으로 하나님의 말씀에 뿌리를 두는 공통된 배경을 지니는 것이다. 두 신학자

주도하던 아주 중요한 신학 강연 시리즈가 1940년대, 50년대에 이어졌었다. 한가지는 서방 신학자를 대표하는 H. R. Niebuhr가 1949년 "그리스도와 문화"라는 제목의 강연을 한 것이고, 그에 앞선 다른 한가지는 동구권을 대표하는 신학자 로마드카의 강연이었다. 1946년 그는 "교차로에 있는 교회"라는 제목으로 강연하였는데, 이 강연은 다섯가지로 구분되었다. 1. 전후의 혼란, 2. 독일의 고민, 3. 소비에트 연방공화국의 도전, 4. 서방민주주의 국가에서의 교회, 5. 우리의 임무이다.

로마드카의 저서가운데 영어와 독어로 간행된 것으로 "무신론자를 위한 복음"(1958년), "어제와 내일사이의 신학과 교회"(1960년), "담을 넘어서"(1961년), "인간에로의 노정 위에 있는 복음"(1963년), "그리스도교인과 마르크스주의자와의 대화의 문턱에서"(1964년), "동과 서에서의 나의 삶"(1971년), "역사바로보기"(1977년)등이 있다.

13) J.M. Lochman, "Das Evangelium auf dem Wege zum Menschen. Theologische Akzente J.L. Hromadkas", *Kirchenblatt für die reformierte Schweiz* 126, 1970, 17.

의 신학수업의 내용 또한 상당히 유사하다. 바르트가 자유주의 신학자 빌헬름 헤르만(Wilhelm Hermann)의 영향 가운데에 자라났던 것처럼 로마드카는 에른스트 트뢸치(Ernst Troeltsch)의 영향을 받고 신학적으로 성장했다. 로마드카의 신학적 관심도 그의 초기시절 다른 자유주의 신학자들과 마찬가지로 인문주의적 종교에 있었다. 로마드카도 그의 신학수업 초기에는 자유주의 신학자였다. 인문주의적 그리스도교가 그에게는 중요했었다. 그러나 오스트리아와 헝가리, 독일간의 1차 세계대전의 발발과 1917년 혁명으로 인하여 로마드카는 이러한 자유주의 신학이 어떠한 가치가 있는 것인가하는 문제제기를 했고 자유주의 신학으로부터 멀어졌다. 이후 그는 하나님의 말씀을 진지하게 이해하도록 노력했다. "진실로 위로부터 오는 하나님의 말씀은 우리의 영혼에서나 도덕적 의식에서가 아니라, 위로부터 기적과 사건으로 우리에게 다가온다."[14] 이러한 하나님의 말씀을 순수히 그러면서도 효과적으로 선포하려는 것이 그의 기본의도였다. 그것은 하나님의 말씀이 우리의 죄된 존재의 깊은 곳에서 예수 그리스도에게서 나타난 전능하신 하나님의 참된 현재에 대한 증거이기 때문이다.

로마드카가 "그리스도교와 학문적 사고"라는 책을 썼던 1922년에 바르트의 신학은 그에게 아직 알려지지 않았다. 그러나 이 글에서 자유주의 신학을 극복하기 위한 노력이 엿보인다. 이러한 노력을 통해 그는 신학의 궁극적 대상으로써 하나님의 말씀을 새로이 발견하게 된다. 로마드카는 1923년 처음으로 바르트의 로마서 주석과 접하게 되었다. 그것은 그가 프라하의 후스 신학부에서 현대신학의 그리스도론에 관한 강의를 하면서, 특히 스위스의 젊은 신학파에 관심을 기울일 때의

---

14) J.L. Hromadka, "Das Evangelium im sozialistischen Staat", *Stimme der Gemeinde* 9, 1957, 114.

일이었다. 로마드카는 바르트학파에 대해 다음과 같이 평했다. "바르트 학파는 정치적, 사회적으로 이전의 개신교 자유주의보다 더 결정적이고…진보적이다."15) 로마드카가 바르트를 개인적으로 접하게 된 것은 1935년 로마드카의 초청으로 바르트가 체코의 메렌지방을 방문하여 목회자를 위한 강연을 했을 때의 일이다. 이렇게 하여 로마드카와 바르트사이에는 평생을 지속하는 우정의 관계가 맺어지게 된 것이다. 1938년 나온 유명한 바르트의 편지16)가 프라하에 있는 로마드카에게 보내졌다는 것은 이런 배경하에 생겨진 일이었다.

이와같이 바르트와 로마드카를 연결짓는 것은 신학적 작업의 성서적 기초를 새로이 닦는 일이었다. 다른 말로 바꾸어 말하면 모든 자연신학적 입장에서부터 예수 그리스도를 통한 한 하나님의 말씀에로 부름을 받는 것을 뜻한다. 바로 이러한 신학적 입장에서 1930년대 고백교회 운동이 전개되었고 이러한 고백교회의 투쟁을 로마드카는 흥분하며 지켜보았으며 바르트신학의 의미를 일찍이 강조하였던 것이다.

그러나 바르트와 로마드카 사이의 내 적인 연결성은 획일성을 뜻하는 것이 아니다. 두 사람의 신학적 전제는 같으나 표현상의 차이, 강조점의 차이는 있기 때문에 이러한 내 적인 연결성은 외 적인 다양성으로 이어졌다. 역사와 사회 안에서 책임을 지는 신학의 모습을 추구해가는

---

15) J.L. Hromadka, Vorwort zu "Wege eines protestantischen Theologen" 1927, zit. nach J. Smolik, "Die Kirche in der säkularisierten Welt. Zur Theologie J.L. Hromadkas", *EvTh* 22, 1962, 362.

16) 그 편지에서 바르트는 후스파의 후예들이 약해질데로 약해진 유럽을 구해내는 역할을 해야됨을 강조하였고 그것은 곧 저항(Résistez!)을 촉구하는 것이었다. 그러나 심지어 고백교회운동에 동참한 이들에게까지도 바르트의 편지는 우려될 만큼 악명높은 것이었다. 그러나 이 편지에서 강력히 표현된 바르트의 소망은 무산되었고 체코 공화국은 1938년 뮌헨협정에 의하여 1939년 부터 독일의 "보호"하에 들어가게 되었다. 이 뮌헨협정으로 체코는 주체적 자결권을 상실하고 강대국의 일방적인 횡포와 결정에 굴복하게 된 것이다.
참고: 정미현, "로마드카에게 보낸 바르트의 편지", 『조직신학 논총』 2집, 1996, 155-176.

로마드카의 노력과 자세를 바르트가 높이 평가했기 때문에 몇가지의 상이한 신학적, 정치적 견해를 지녔더래도 그는 평생을 로마드카의 충실한 동반자로 남아 있었던 것이다. "내가 로마드카의 글을 읽으면, 나는 좌우로 지평선까지 뻗쳐있고, 햇빛이 놀랍게 비추이는 구름바다를 미끌어져가는 비행기에 앉아있는 것 같다. 이것이 산인가? 혹은 산맥의 줄기인가? 골짜기 많은 계곡인가? 한 평지인가? 아마도 이것은 육지가 아니라, 진짜 바다인가? 그런데 비행하려는 방향은 분명하다. 그것은 나의 방향이기도 하다. 그래서 나도 같이 비행하련다."[17] 그림을 보는 듯한 바르트의 이러한 고백적 묘사에서 바르트의 심경이 잘 드러나있고 이 마음을 그는 평생 간직했다. 간혹 정치, 사회적 상황 때문에 입장 차이를 보일 수 있지만 신학적 원칙에 근본적으로 동의하여서 함께 할 수 있다는 결연한 의지를 표현한 것이다.

로마드카는 스위스 신학자 중 바르트 뿐 만 아니라, 다른 이들과도 폭넓은 교류를 했는데 그 중 한 명이 레온하르트 라가츠이다. 그는 스위스 종교사회주의를 주도하던 중심적 인물이다. 라가츠와 바르트가 체코를 방문한 이후에 로마드카는 스위스 신학이 체코의 교회와 신학에 어떠한 도움이 되는가에 대한 글[18]을 썼다. 이 글에서 로마드카는 바르트와 라가츠사이에서 어느 한쪽을 택하던지 혹은 한 명을 택하기 위해 다른 편을 비방한다든지 하지않고 두 사람에게서 보여지는 장점을 취하고자 하며 그들에게서 보여지는 약점을 보완하고자 하였다. 이밖에도 로마드카는 한스 요아킴 이반트, 헬무트 골비쳐, 죠지 까잘리 등의 독일과 프랑스 신학자들과도 폭넓은 교류를 가졌다.

---

17) K. Barth, "Nachwort", *Evangelium für Atheisten*, (Berlin: K. Vogt, 1958), 80.

18) J.L. Hromadka, "Deutsche Evangelische, K. Barth und L. Ragaz", *Krestanska Revue* 1935/36, 12-19.

2) 로마드카 신학의 기본입장

로마드카의 신학을 이해하기 위해서 기본적으로 접해야 할 책이 "인간으로의 노정에 있는 복음"인데, 이것은 그의 "작은 교의학" 혹은 "교의학 개요"라 불린다. 이 책 제목의 세 어절 모두 중요한 의미를 지닌다. 그것은 로마드카의 관심이 인간, 노정, 복음에 집중되어 있다는 것을 뜻한다. 로마드카의 신학에서는 먼저 성서를 통해 계시된 하나님의 말씀이 유일한 권위를 가진 것으로써 중요하다. 우상을 만들지 말라는 계명을 중시하는 로마드카는 하나님을 각자의 상념을 통해 지어내는 위험성을 알고 늘 경계하였다. 정신적 가치, 이성적 능력, 인간적 경험 그리고 문화적 이상과 동일시되는 하나님이 아니라, 하나님의 주권성과 절대적 자유가 전적으로 중요하다. 그러한 자유성 속에 감추어진 하나님은 예수 그리스도를 통하여 드러내지고, 또한 성령을 통하여 자신을 전달하는 분이시다. 단지 하나님의 말씀을 통하여 하나님의 계시를 알 수 있다. 이러한 계시가 인간을 규정하며 그의 참된 상황을 나타낸다. 로마드카의 신학적 사고와 사회적 행위들에서 어떻게 하나님의 말씀을 이해했는가가 드러나는데, 그는 결코 하나님의 말씀을 어떠한 이데올로기나 관념들과 동일시 하지 않았다. 복음의 진리는 이념이나 관념이 아닌 것이며 또한 세계조망(Weltanschauung)이나 역사철학, 사회철학이 아니기 때문이다. "구약과 신약의 계시의 복음은 관념주의나 혹은 어떠한 형이상학과도 동일시될 수 없다…마르크스주의보다 더욱 현실적인 성서의 복음은 사람들 삶속의 사회, 경제적 조건들을 넘어서는 인간적 비참함과 멸망함의 근거를 드러나게 한다."[19] 이 인

19) 8. J.L. Hromadka, *Theologie und Kirche zwischen gestern und morgen*, (Neukirchen: Neukirchener Verlag, 1960), 88f.

용문에서도 마르크스주의에 대한 해박한 지식과 깊은 이해를 지니고 있는 로마드카가 복음과 마르크스주의 사이의 단순한 동일화가 아니라 명백한 차이를 인식하고 있음이 단적으로 나타난다.

바르트와 마찬가지로 그리스도론을 중심으로하여 신학적으로 사고하는 로마드카는 예수의 삶과 사역을 계시로써 이해한다. 육신이 되신 말씀에 대한 믿음은 부활의 빛에 근거한다. 이 부활의 빛에서 우리는 이 세계에서 새로운 관점들을 인식한다. 즉 예수 그리스도의 통치는 신화적이거나, 명상적인 태도, 분위기를 주도하는 관조가 아니라, 기도를 기반으로 삼는 개인과 사회의 개혁을 위한 능동적인 참여, 봉사와 창조적인 행위를 요구한다. 이와같은 로마드카의 그리스도론 중심적 사고는 성부와 성자와 성령의 관계성 안에 삼위일체의 전체구조 속에서 이해해야 한다.

로마드카는 성육신의 현실을 매우 강조한다. 때문에 그것을 상징적이거나 양자적으로 혹은 가현설적으로 이해하는 모든 시도를 거부한다. 바로 이 육신이 되신 말씀이 그의 신학의 중심에 있다. 이 "되어짐"의 의미가 강하게 그의 신학에 부각된다. 예수 그리스도는 신적인 것과 인간적인 것의 종합이 아니라, 육신이 되신 하나님의 성스럽고 주권적인 현재적 사건이다. 그러므로 로마드카는 하나님의 존재를 방법적으로 하나님의 자기계시에서부터 실재론적으로 파악하지, 사변적이거나 신화적으로 혹은 유명론적으로 생각하지 않는다. "우리가 찾는 하나님은 인간적 사유의 최고 이념이 아니다. 하나님은 우리가 정신적으로 찾아가는 결과물이 아니다."[20]

---

20) J.L. Hromadka, *Das Evangelium auf dem Weg zum Menschen*, (Witten: Luther-Verlag, 1963), 71.

4. 로마드카 신학 사상의 배경

로마드카 신학 사상의 배경을 다음과 같이 정리해 볼 수 있겠다. 로마드카의 신학적 사상가운데에는 다음의 영향들이 용해되어 있는 것이다.

❶ 로마드카의 신학적 내용들 속에는 체코 종교개혁의 사상들이 잘 반영되어 있다. 체코개혁주의적 사고를 그리스도교의 고전적 맥락에서 파악한 것은 로마드카의 노력에 의한 결과였다. 그가 우선적으로 배우고 익혔으나 되돌아서야만 했던 19세기 자유주의신학의 풍토는 무엇보다 인간중심적인 것으로써 인간이 무엇을 체험하고 경험했나 하는 것에 바탕을 두고 있는 것이었다. 그가 시도한 새로운 신학의 출발점은 하나님의 말씀 안에서 시작하는 것이었다. 그에게 있어서 성서란 무엇보다 하나님과 그의 행위에 대한 증언이다. 오랜동안의 신학수업과정을 거치고서 새로운 신학적 여정을 찾아가기 위한 몸부림을 하고 난 뒤에 젊은 신학자 로마드카는 개혁주의의 원칙에 대해 끊임없이 귀를 기울인다. 하나님 말씀 자체에 대한 강조와 하나님 나라에 대한 종말론적 빛을 강조하는 체코 개혁주의적 유산으로 부터 그의 신학은 영감을 얻었고 역동성을 찾아 나갔다.

❷ 제1차 세계대전 말미의 몇달동안 갈리지엔지역에서의 군종목사시절 로마드카는 구약 예언서를 읽으면서 많은 영향을 받았다고 그의 자서전에 기록하고 있다. "그리고 이 몇 개월 동안에 나는 오랜동안 성서를 읽고 특히 이스라엘 예언자들의 글을 읽었는데, 그것은 예언적 사신의 빛 아래에서 놀랄 만한 역사적 변화들, 개인적으로 또 사회적으로 처한 인간적 요청과 교회의 과제를 현재적으로 일어나고

있는 사건들 안에서 파악해보기 위함이었다."[21] 로마드카는 예언자적, 사도적 전통을 귀히 여겼다. 이미 그가 바젤에서 베른하르트 둠 교수에게서 구약학을 배울 적에 이러한 자각과 전환이 준비되어지고 있었다고 볼 수 있다. 그는 특히 구약사상이 증언하는 바 예언사상을 새롭게 그의 시대에 수용하기 위하여 성서와 씨름하였다.

❸ 로마드카는 체코 공화국 제 1 대 대통령으로 선출된 토마스 마사리크(Thomas Garrigue Masaryk 1850-1937)[22]의 사상과 논쟁하였다. 이 걸출한 체코 초대 대통령은 그가 지닌 도덕적 깊이와 인간적인 열정으로 인하여 많은 개신교도들에 의하여도 호응을 받았다.[23] 그러나 마사리크의 종교철학이 복음과 혼동 될 위험도 없지 않았

---

21) J.L. Hromadka, *Pravda a zivot - Wahrheit und Leben*, (Praha: Ekumenicky Institut Komenskeho fakulty 1969), 88, zit. nach Opocensky, *Josef L. Hromadka. Eine Einführung*, (Wuppertal: Hammer, 1991), 23.

22) 김학은,『이승만과 마사리크. 대한민국 체코 건국대통령의 인물과 사상 비교』, (서울: 북앤피플, 2013), 407-660. 이 책은 체코 건국 대통령인 마사리크와 우리나라 건국 대통령인 이승만(1875-1965)에 대하여 인물과 사상면에서 비교하고, 건국, 독립운동 당시 독립운동의 한 방편으로 제시한 외교선전 정책을 체코의 외교정책과 비교하며, 강대국에 둘러쌓인 유럽의 약소국과 마찬가지로 유사한 조건을 가진 아시아의 약소국가인 한국을 비교한 내용을 담고 있다. 1993년 체코 공화국과 슬로바키아 공화국이 각각 새로운 독립국가로 등장하게 되는데 이 책은 이러한 정치적 발전과정에 대하여 얀 후스 이후 근, 현대로 이어지는 역사적, 사회적 사건에 대하여 구체적인 정보를 전달하여 준다.

23) 마사리크는 1918년부터 1935년까지 체코슬로바키아의 대통령직을 수행하였다. 그는 정치가로서뿐 아니라, 훌륭한 인격과 인품, 지적 소양을 두루 갖춘 존경받는 지도자였다. 가난한 가정환경에서 태어나고 성장했으나 고학으로 오스트리아의 빈대학과 독일의 라이프치히 대학에서 공부하고 학업을 마칠 수 있었다. 그는 "플라톤에 대한 연구"로 박사학위를, "사회현상으로써의 자살 연구"로 교수자격시험 논문을 완성하였다. 이후 1882-1914년 런던대학과 프라하대학에서 강의하기도 하였다. 그는 그리스도교 사회주의자로서 체코의 자주, 독립운동을 이끌었고, 체코의 민주적, 자본주의적 발전에 터전을 놓은 인물이다. 독일 유학시절 만난 미국여성 샬럿 개리그(C. Garrigue)와 1878년 결혼하였다. 체코와 슬로바키아 출신의 부모를 두었기 때문에 두 곳의 민족적 특성을 골고루 잘 알았는데, 이를 융합하고자 무척 노력하였으며, 신흥독립국가로써의 체코슬로바키아의 발전을 위하여 친서방적 외교, 중도, 절충주의적 정치를 표방하였다.

다. 로마드카는 복음이 훨씬 깊이있게 파고들어가는 것이며 또한 그것이 마사리크의 종교철학적 사고로 이어질 수 있다는 것을 분명히 보았다. 또한 로마드카에게서 트뢸치에 의한 자유주의 신학으로부터의 영향도 언급되지 않을 수 없다. 로마드카의 전형적 사고방식에 속하는 것은 그가 "거시적 관점들"로 생각한다는 것이다. 이와 같은 그의 사고의 흐름이 형식적인 유형과 방법에서는 트뢸치적 유산을 이어 나가는 것이다. 이러한 종교철학에 대한 지대한 관심은 1920년대 이후 로마드카에게 성서에 대한 일관성있는 관심으로 바뀌어지게 된다.

5. 로마드카 신학의 특성

1) 예수 그리스도로부터 인간에로

성서에 드러난 계시된 하나님의 말씀은 신학적 규범으로써 중요하다. 그럼 로마드카는 성서를 어떻게 이해하는가? 로마드카는 성서를 기계적으로 하나님의 말씀과 동일시하지 않는다. 성서는 물론 하나님의 말씀과 연관되며 하나님의 말씀은 성서와 연결되어있다. 로마드카는 개혁주의 명제에 따라 성서가 하나님 말씀을 담지하는 기능을 한다고 보고 구약과 신약성서를 통해 받아들이는 하나님의 말씀이 믿음과 생활의 척도가 됨을 강조한다. 물론 성서는 19세기 자유주의 신학이 회의를 품고 문제를 제기했듯이 인간적 역사적 기록물이므로, 주석을 위하여 역사비평적 방법을 적용하여야만 된다. 그러나 로마드카는 이 역사비평방법을 긍정적으로 생각한다 할지라도 거기에 머무르지않고 다음과 같은 의미에서 축자영감설의 의미를 긍정적으로 평가한다. 즉 축자영감설이 쓰여진 하나님의 말씀에 아주 진지하게 접근하는 점에서 중요한 가치를 지닌다는 것이다. 그렇지만 하나님의 살아있는 말씀을 죽은 문자와 일방적으로 동일시 한다는 것은 위험한 것이다. 그것은 중세 가톨릭주의에 맞선 종교개혁의 원리를 화석화 시킨 개신교 정통주의가 그러했듯 새로운 "종이교황"을 맹신하는 오류를 범하는 것이다.

로마드카가 자연적인 신인식을 주장하지 않았다는 것은 지금까지 살펴본 바와 같다. 그는 고대 그리스도교적 개혁주의 전통에 성실히 서 있다. "우리의 신앙의 인식은 성서에 입각한 것이다…우리는 하나님을 개인적인 바라다봄에서나 혹은 심오한 신비적 체험에서 인식할 수 있는 것이 아니다. 우리는 하나님과 예수 그리스도를 오로지 예언자적, 사도적 증언을 따라서 인식하는 것이다. 때문에 우리는 가능한한 정확하게 이해하기 위하여 쓰여진 하나님의 말씀에 대단히 조심하며 접근하는 것이다."[24)]

이처럼 로마드카는 신학의 규범으로써 복음의 중요성을 인식하였다. 그러나 그는 여기에 머무르지 않고, 복음에 대한 결단력있는 강조와 더불어 늘 역사, 정치적 상황의 중요성을 인식하고 복음의 인식이 정치적으로 귀결됨을 말하였다. 그것은 곧 복음이라 표현되는 예수 그리스도로부터 인간에로의 방향성을 뜻한다. 예수 그리스도의 교회가 시대의 흐름을 파악하여야 된다. 이것이 그의 지론이었으며 그의 전 생애를 통해 드러난 그의 신학적 과제였다.

---

24) J.L. Hromadka, a.a.O., 67.

2) 회개와 희망의 상관성

로마드카는 중요한 교회의 과제가운데 하나를 사회안에서 끊임없이 "회개"를 촉구하는 일로 생각하였다. 나사렛 예수가 인간에 대한 하나님의 위대한 긍정이라면, 예수의 수난과 십자가에서의 죽음은 인간에 대한 하나님의 심판의 놀라운 선포이기도 한 것이다. 인간은 예수 그리스도의 빛에서 인간의 근원적 죄를 볼 때에야 죄를 인식할 수 있다. 우리 그리스도교인을 위한 커다란 위험은 이 세계내에 있는 것이 아니라, 교회 안에 있다. 즉 그리스도교인들의 미지근한 태도, 회개할 줄 모르는 태도, 스스로 정당하다고 보는 것, 변화와 갱신을 모르는 자기만족 속에 그 위험이 있는 것이다. 이 세계전체가, 즉 무신론자들 뿐 아니라, 믿는 자들도, 또 교회도 하나님의 주권적 심판아래 있다. 교회는 제의적 예배 공동체나 성례전적 사제적 기관이 아니라, 새로운 계약에 의한 하나님 백성의 공동체이다. 이러한 교회는 이상적 인간들의 이상적 모임이 아니라, 죄성을 지닌 인간들의 제한적 모임이다. 교회의 제도화에 끊임없이 문제를 제기하며 로마드카는 그의 개혁주의 조상인 얀 아모스 코메니우스처럼 하나님의 백성의 공동체로서의 교회의 개방성을 강조한다.

이렇게 그리스도교인들에게 요청되는"회개"이외에 로마드카에게서 드러나는 중요한 개념은 "하나님 나라에 대한 희망"이다. 복음은 인간이 가려는 길이 아니라, 가야하는 길을 제시하여 준다. 신학이라는 것은 로마드카의 정의에 따르면 진리를 찾고자 노력하는 것이다. 때문에 신학은 자기만족으로 머물러 있을 수 없고, 마치 교회가 "순례자(Communio viatorum)"로서 하나님 나라를 향한 희망 위에 있는 것처럼, 신학은 진리추구를 위한 도상에 있는 것이다. 때문에 신학은 단 한번으로 완성된 교의나 절대적 이론이 아니라, 하나님의 진리를 찾기위한 끊임없는 새로운 노력이다. 다시 말해 로마드카는 교회와 신학이 이사야서 40장 31절 말씀대로 항상 새로이 거듭남으로 독수리처럼 비상하며 하나님나라에 대한 희망 안에서 순례자의 모습으로 역동성을 지니고 있기를 촉구한 것이다.

6. 로마드카 신학의 초점: "역사철학" 문제

로마드카의 신학적 사고에서 역사문제가 차지하는 특별한 비중은 대체적으로 알려져 있다. 우리의 역사적 시점에 관하여나, 사회적이고 교회적인 상황의 철저한 변혁의 의미에 대해서 로마드카처럼 상대적으로 커다란 비중을 두며 생각하는 사상가는 흔치 않다. 로마드카의 글들을 보면 역사철학적 성향을 나타내는 표현법을 가끔 읽게되는데, 즉 다음과 같은 전형적인 화법이 그것이다. "우리는 지금 바로 인류의 본질적으로 새로운 시대에 마주 서 있다." 우리주변에 사건들은 "철저한 변화 즉 바로 역사의 결정적 구조 체계의 전환을 반영한다." 여기서는 "역사적 시대의 요청"이 문제이다. 우리는 "역사의 흐름에서 심층적 차원안으로 들여다 보아야 한다."는 등의 표현양식이다. 이와같은 신학적 작업에서 그는 사람들로 하여금 종종 신학이 아니라, 역사철학을 시도한 것이 아닌가 하는 오해를 불러 일으켰다. 그러나 역사를 신학하는 척도로 보지 않기 때문에 어떠한 형태의 역사철학을 행한 것이 아니었다. 그가 역사를 그렇게 중요시 한 것은 복음이라는 것이 인간에게 향한 하나님의 길이며 이러한 실현과정을 역사로 보기 때문에 역사가 중요시 되지 않을 수 없었던 것이다.

흔히 역사철학이라 함은 역사 일반에서 계시의 원천(Quelle)을 보는 것을 의미한다. 이와 같은 역사철학을 자연신학의 변형된 새로운 형태로 볼 수 있다. 그러나 로마드카의 신학사상에는 바르트와 마찬가지로 예수 그리스도의 계시로써 드러난 한 하나님의 말씀이 주어로써 남는다. 역사는 이에 반하여 계시의 술어로써 유용하지 주어로써 등장하지 않는다. 역사의 하나님이 역사 안에서 다스리시며 역사 안에서 계시하신다. 그렇다고 하여 역사 자체가 하나님의 계시라는 말은 아니다. 신학의 내용은 역사와 관련이 있을 수밖에 없는데 하나님의 말씀이 역사 안으로 들어온 몸이 되신 말씀이기 때문이다. 다른 말로 하면 하나님의 계시는 역사 안에서 예수 그리스도에게서 일어났기 때문에 역사를 결코 도외시 할 수 없다.

역사철학은 역사적 사건들에 계시의 성격을 부여하고 혹은 결론적으로 고유한 역사적 판단을 절대화 하고 그러한 판단을 신앙의 판단으로 고양시키는 그러한 곳에서 비롯된다. 바로 그것을 로마드카는 행하지 않는다. 개별적인 역사적 사건에서 계시의 근원을 보려는 것을 로마드카는 옳게 보지 않았다. 그의 전 생애는 복음을 하나의 자연적 위대함과 엮어 보려는 것에 대한 저항이었다. 복음은 자유롭고 자유하게 하는 것이다. 그는 오히려 역사철학의 기본적 구조로 복음을 연결하는 상습적 유혹에서 벗어나 복음을 이해 하기위해 애썼다. 몸이 되신 하나님의 말씀이며 나사렛 예수의 복음은 "역사를 역사 내에서 자유하게 만들며, 그리고 복음은 죽음과 무덤이 있는 바로 그 장소에서 죽음과 무덤으로부터 자유하게 하는 것과 같다."[25] 역사에로부터, 역사 안에서 그리고 역사를 위한 이러한 복음적 자유는 로마드카 신학의 중요주제

25) J.L. Hromadka, "Kirchliche Existenz in der heutigen Situation", *Sammelband Kirche und Verkündigung*, (Berlin: Evangelische Verlag, 1960), 15.

며, 핵심이 아닌가 싶다. 복음이 예수 그리스도 안에서 역사에로 들어선다면, 단지 역사적 상황을 진지하게 받아들이는 사람만이, 복음 역시 진지하게 받아들이게 된다. 따라서 역사를 직시하려는 노력이 없는 것은 복음 앞에서 피해 달아나는 격이 된다.

로마드카는 "현실에 관련된 신학을 추구하고자"26) 여러형태로 당시 시대의 표징들을 분석하고 의미부여하여 늘 새로운 시도를 했다. 세 가지 점에서 중요한 강조점을 요약해 볼 수 있겠다.

❶ 로마드카는 소위 그리스도교국가들의 정치 문화적 기득권과 종주권의 시대가 완전히 끝나버렸다고 생각했다. 그리스도교 민족들이 수백년에 걸쳐 실제로 전체 민족의 운명을 좌우하는 심판관노릇을 했고, 국제간의 관계의 영역에서 그들의 규정, 습관, 문화의 방법이 당연히 한 척도가 되었으나, 그것은 오늘날 더 이상 유효하지가 않다. 그리스도교 국가들의 품안에서 1, 2차 세계대전이 일어났고, 민주주의의 처참한 위기를 맛보았다. 로마드카는 이러한 일련의 사건들에서 그리스도교 민족들의 전통적, 정신 윤리적 척도가 아주 쓸모없게 되었다는 고통스러운 징표들을 보았다. 그렇다고해서 그의 판단은 고루한 반 서양적 태도로 이해될 수 있는 것이 아니다. 왜냐면 그의 비판은 그 자신의 그리스도교적, 정치적, 문화적 심장부에 해당하는 것이었고, 그리스도교인은 이 쓰디쓴 사실을 얼버무리고 말것이 아니라 진지하게 받아들여야 할 것을 열정적으로 역설한 것이다.

❷ 로마드카는 사회주의적인 운동, 무엇보다도 1917년 러시아 혁명에서 우리 세기의 결정적 전환점을 보았다. 그는 이 혁명의 의미를 처음부터 중요하게 생각했던 소수의 신학자 가운데 한 명이었다. 그

26) J.L. Hromadka, *Theologie und Kirche zwischen gestern und morgen*, (Neukirchen :Neukirchener Verlag, 1960), 47.

는 무사안일하게 시민종교(civil-religion)화된 문화개신교적 주변환경에 맞서서 체코 종교개혁의 사회개혁적 의지들을 새롭게 부각시킨 인물이다. 그는 그리스도교 국가라는 미명아래 수세기에 걸쳐 가난한 자와 주변부에 밀려난 약자의 희생을 바탕으로 사회를 조직하려는 움직임을 보았다. 그는 또한 깊이있는 러시아 문화의 풍부한 유산과 역사, 마르크스주의에 대한 이해없이 러시아 혁명에 대하여 성급한 부정적 결론을 내리는 것을 우려하였다. "러시아 혁명과 소련 공산주의를 십자군과 같은 분위기를 통해, 정치적 방어선전이나 혹은 군사적 정책을 통해 약화시키고, 벽을 쌓고, 도덕적으로 비방하고 혹은 마침내 붕괴시키는 서구의 모든 시도는 효력없을 뿐 아니라, 마침내 정치적 무력, 지적 무능력과 정신적 희망없음을 나타낼 뿐이다."27) 그의 견해에 의하면 서부유럽민주주의의 지도자들은 2차 대전당시 독일적 국수주의를 지양시킬 만큼 강하지 못하였다. 또한 이들 지도자들은 소비에트 러시아에 대한 두려움으로 인하여 사회 정치적으로 1917년 혁명에 의한 새로운 사회정치적 형태들을 수용하는 역사적 조류들을 이해하지 못하였다.

❸ 각 민족과 국가들은 기술의 발달과 세계정치적 연결을 통하여 서로서로 관련되어있다. "화려한 고립"은 더 이상 가능치 않다. 냉전시대에서는 세계적인 두 거대세력이 맞서 있었고 불안정과 상대적 책임전가의 분위기를 만들어냈다. 이러한 시대 분위기 속에 전 인류와 피조물을 파멸시킬 핵 시대의 위험을 로마드카는 강조했다. 첫번째 원폭투하 이후28) "병기 창고"에 살고있는 인류는 역사상 처음으로 자

27) J.L. Hromadka, *Evangelium für Atheisten*, (Berlin: K. Vogt, 1958), 8.

28) 일본신학자들은 로마드카가 핵전쟁반대의 평화운동을 한 점을 특히 높이 평가하며, 그들의 교회와 신학과 연결시키고자한다. 이것은 전쟁 종주국이었던 그들이 그 사실을 망각한

멸의 적나라한 가능성을 갖었다. 이러한 위협적 상황가운데는 단지 유일한 미래만이 있는데 그것은 평화를 위한 노력이다. 로마드카는 이것을 매우 빨리 인식했고 처음부터 철저히 일관성을 기하고 그의 모든 힘을 교회 내부에서나 외부에서도 평화운동에 쏟았다. 그리고 또한 본래적으로 그의 작품이라 할 수 있는 "그리스도교 평화회의"에 정열을 기울였다. 찢어지고 위협적인 세계에서 화해를 향한 공통적인 노력에서 평화의 증언을 하고 모범을 보이도록 동구와 서구의 그리스도교인들에게 그는 끊임없이 호소했던 것이다.

이상과 같이 로마드카는 그의 시대에 역사적 상황의 중요한 표징들을 보았다. 그렇다면 그러한 표징들을 진지하게 받아들인다는 것은 무엇을 뜻하는가? 로마드카의 역사적 분석들은 이러한 신학적 요점을 지닌다. 즉 신앙안에서 시대의 표징들에 나타나는 하나님의 심판의 표시들을 알아내는 것이다. 로마드카는 "콘스탄틴 시대가 붕괴"했다는 점에서 그리스도교의 죄책과 죄악이 무엇보다 분명히 표출됐다는 것을 깊이 확신했다. 성서적 신앙의 시각에서 보여진 시대의 모든 표징들은 우리죄악의 표징들이다. 전통적인 그리스도교라는 것이 너무나 자주 자기만족, 자기 정당화에 급급하며 죄악속에 머물렀다. 그리고 또한 더더욱 파괴적으로 되어가는 전쟁들의 가공할 만한 현실성과 가능성에 직면해보면, 그러한 그리스도교는 그 예언자적 의무를 다하지 못

채 오히려 핵전쟁의 첫번 희생물이라 주장하기 때문이다. 전후 50년이 지난 지금까지 전쟁과 원폭으로 인해 그야말로 무고하게 희생당한 한국인을 포함한 수많은 아시아인들에 대한 구체적 반성과 회개없이, 평화운동을 입에 담는 것은 가히 문제적이라 아니할 수 없다. 일반적으로 세계는 2차 세계대전 중에 저질러진 일본의 만행에 대해서는 잘 모른다. 그리고 일본 사람들이 전쟁을 야기한 이들이었다기 보다는 핵전쟁의 희생자가 되었다는 사실을 기억한다. Vgl. M.H. Chung, *K. Barth, Josef L. Hromadka, Korea*, (Berlin: Alektor Verlag, 1995), 146.

했다. 그것을 이제 역사철학적 관심에서가 아니라, 분명히 드러난 죄에 직면하여 하나님의 심판 앞에서 회개하여 내맡기며 순종적이고 구체적 믿음의 행위로 분명히 인식하고, 고백하자는 것이다. 이 구체적 죄의 고백의 표상은 교회가 그 상황을 역사적으로 "진지하게 받아들인다"는 것이다. 그것은 즉 교회가 이 현재에서 도망치지 않는 것이다. 그리스도교 승리주의의 태도가 아니라, 오히려 그리스도교라는 이름에 묻히어 저질러지는 많은 오류와 죄악들을 부단히 회개하고 고쳐나가자는 그의 신학적 외침은 역사적 시대상황을 달리하지만 오늘 우리의 한국교회에서도 여전히 필요한 소리라 아니할 수 없다.

7. 나오는말

신약성서에서 사도행전은 28장으로 끝나지만, 우리가 그리스도의 제자와 사도로 부름받았다면,우리는 오늘도 사도행전을 써 내려가는 것이다. 이러한 주체의식을 갖고서 우리들이 교회사를 되돌아 본다면, 온고지신 하면서 현재의 모습을 정화하고 미래를 준비할 수 있는 단초를 찾을 수 있는 것이 많이 있겠다.

21세기 교회의 선교 과제는 이전의 그 어느 시대보다 다양하다. 그 하나가 이전의 사회주의 체제의 국가들에 대한 선교인데, 피선교지에 대한 전반적이고 총체적인 이해를 도모해 가는 노력은 지속적으로 진행되어야 할 것이다. 이 글은 그러한 점에서 우리에게 잘 알려지지 않은 체코를 중심으로 동구 유럽신학의 한 유형을 소개하고자 하는 목적에서 쓰여졌다.

로마드카는 예수를 그리스도로 고백하고, 복음의 핵심을 이해해보려던 진솔한 노력을 체코 개혁주의의 맥락과 발자취를 따르며 이루어간 신학자였다. 바로 그는 체코 교회사에 등장하는 얀 후스, 페터 흐첼체스키, 얀 아모스 코메니우스, 얀 카라피앗과 같은 인물에 필적할 신학자이다. 그는 오랫동안 중, 동부 유럽 사회주의권 국가들의 그리스도교를 대변하는 인물이었다. 1948년 세계교회협의회의 창립시기부터 로마드카의 에큐메니칼 운동을 위한 활약은 대단했다. 그의 결단력 있는 중재의 도움으로 동구유럽의 동방교회들이 세계교회협의회에 가담하여 적극적으로 활동하게 될 정도였다.

"문화개신교주의"로 변화되어 버린 그리스도교로 부터 복음의 본질성을 찾아내기 위한 개혁운동은 바르트와 마찬가지로 로마드카에게서도 읽어낼 수 있다. 서양 그리스도교 국가들의 주도로 이루어진 그리스도교의 역사에 대한 철저한 반성과 회개를 촉구한 인물로서 로마드카와 같은 이는 현대 신학사에서 찾아보기 쉽지 않다. 그는 부르지아적 이해와 결합하여, 소외되고 억눌린 사람들과 약소 민족들의 바램을 저버린 시민종교로써의 그리스도교의 모습에 염증을 느끼고 그 문제점을 예리하게 파헤쳤던 것이었다. 그는 복음이 새로운 길로 늘 우리를 이끌어가며, 개인과 사회 영역에서 개혁적인 방향을 잡아준다는 것을 확신했다. 이러한 새로운 길을 로마드카는 항상 눌린 자와 핍박받는 자와의 연대감에서 찾았고, 이러한 의미에서 그가 유년기부터 관심을 가졌던 사회주의적 운동을 긍정적으로 해석했다. 이러한 배경 가운데 복음은 하나의 혁명적 힘이 되었는데, 그러나 그 복음은 어떠한 사회주의 체제적 혁명이나 어떠한 사회질서 체계나 이념과도 동일시 될 수 없는 것이다. 복음은 더 큰 정의와 더 나은 사회를 위하여 용감스럽게 추구해 나가도록 하는 원동력이 된다. 바로 이러한 복음의 본질성을 찾아나가려는 결단 앞에서 로마드카는 많은 오해와 비판도 받아오게 되었다. 인간적으로 볼 때 로마드카의 사역이 실패한 점이 있었더라도 하나님의 구속의 사역의 한 도구로서 그가 담당한 그의 선한 노력들은 이후에도 계속 긍정적으로 평가되고 고찰될 필요가 있을 것이다.[29)]

로마드카 신학의 내용들 가운데 특히 우리의 현시점에서 고려될 수 있는 내용은 다음과 같다. 그는 마르크스주의, 사회주의, 공산주의 문제를 신학자의 시각으로 해석한 중요한 인물이었다. 그래서 그는 특히 그리스도교와 무신론과의 대화를 주도해 나갔다. 그가 무신론자와 대화를 시도했다는 것은 사회주의 체제속에서 그리스도교의 전개를 시도해 나갔다는 의미로 해석된다. 그러나 그의 노력가운데 독특한 것은 하나님없이 사는 사회주의 체제 속에 무신론자들에 대한 비난이나, 우월적 선교의식을 표현한 것이 아니라는 점이다. 그것은 오히려 하나님을 잘 믿는다고 생각하고 하나님을 내 편으로만 삼고 산다고 여기는 자본주의, 자유 민주주의 체제속의 그리스도교인들에 대한 자기 성찰과 비판의 의미를 내포한다. 소시민적 자기정당화와 자기 만족의 생활 방식과 편의주의에 근거를 두고 안주하는 그러한 평균치적 그리스도교인의 모습은 회개를 통한 변화를 추구하지 않은 채 내적으로 화석화하고 그리고 생각없이 도덕적 판단에만 사로잡혀 있는 것이다. "그리스도교적 서양의" 자유 민주주의를 모든 가치의 척도로 보고 상대방의 가치를 인정하지 못하는 의식적, 무의식적 배타주의를 로마드카는 비판한다. 여기에 복음마저도 사유화하려는 "행복한 소유자들(beati possidentes)"의 자기 정당화의 위험이 있다. 사회주의 체제를 하나님 없는 악마적 집단이라고 단순히 비난하기 보다, 오히려 우리 자신이 얼마

---

29) 특히 사회주의 국가로서의 중국에 대해 그가 갖고 있었고 소망했던 모습은 자유주의 시장 경제에 중국이 개방된 이후 보여준 모습과는 너무나 다르며, 이 점에서 로마드카의 기대와 예측은 완전히 빗나갔다.

나 복음을 옳게 이해하고 살아가고 있는가를 살펴보아야 한다는 것이 그의 메세지이다. 무엇이든 소유하고 독점하고 그 속에서 자기실속만을 챙겨나가는 자본주의적 속성의 문제점이 그리스도교의 영역에서도 예외는 아니다. 하나님은 그런 점에서 우리들에게 물질적, 정신적 욕구충족의 도구로 마치 요술 방망이처럼 이용당한다. 그것은 의식하지 못한 채"다른 신을"(출 20장) 섬기느라 "나"라고 표현된 하나님의 자유함을 잊어버린 태도이다.

60년대의 유럽의 그리스도교와 마르크스주의와의 대화의 상황과 21세기에도 남북이 여전히 첨예하게 대립되어 있고, 여전히 반공주의와 용공주의의 이데올로기 논쟁이 진행되는 우리의 상황은 전적으로 다르다. 그러나 그들의 앞선 역사적 경험을 동구권과 북한으로 선교열정을 갖고 접근하고, 통일과 화해를 준비하는 한국교회와 신학이 검토할 필요가 있다. 또한 동구권의 붕괴를 자본주의와 그리스도교의 승리로 성급히 결론지어버림으로써 이것을 오히려 우리스스로의 자기반성과 성찰의 기회로 보지 못한다면, 우리는 이 "시대의 징표"를 잘못 이해하게 될 것이다. 물론 "시대의 징표"를 또다시 이념화하거나 절대화하는 오류를 범해서도 안될 것이다.

체코의 "벨벳혁명"은 한 순간에 이루어진 것이 아니다. 그것은 오랜 체코의 신학전통으로부터 이어져 온 놀라운 저력의 결과물이다. 우리와 지역적으로, 역사적으로 다른 상황 속에서 발전된 체코의 신학사상적 근원과 그 발달과정을 살펴보는 것은 그 내용을 우리를 위한 타산지석의 교훈으로 삼을 수 있기 때문이다.

06

"진리를 향한 열정과 관용"

- 얀 밀리치 로흐만

1. 들어가는 말

한 신학자의 사상을 한두마디로 요약하는 것은 결코 쉬운 일이 아니다. 그럼에도 불구하고 체코계 스위스 신학자 얀 밀리치 로흐만(Jan Milic Lochman 1922-2004)의 신학을 집약적으로 요약하라면, 필자는 "진리를 향한 열정과 관용(Wahrheitssuche und Toleranz)"[1)]이라고 보겠다. 이 표현은 필자가 임의로 정한 것이 아니라, 로흐만의 마지막 저서이자 그가 쓴 자서전의 제목이기도 하다. 이 제목 안에 그의 신학적 여정, 내용과 방법이 함축되어 있다. 본 논문에서 필자는 앞장에서 소개한 요셉룩 로마드카의 수제자이자, 그의 사상을 계승하고 동유럽과 서유럽에서 더욱 조화로이 발전시킨 로흐만의 생애와 그의 신학사상을 간추려 다음과 같이 소개하고자 한다.[2)]

---

1) Vgl. Jan Milic Lochman, *Wahrheitssuche und Toleranz. Lebenserinnerungen eines Ökumenischen Grenzgängers*, (Zürich: TVZ, 2002).

2) 이 논문은 얀 밀리치 로흐만 교수 서거 10주기를 기념하여 (2014년 1월 21일) 쓰여졌다. 필자가 대학 다니던 80년대에는 동구권 유럽에 대해서는 소개받을 자료가 거의 없었다. 동구권과의 외교도 아직 수립되지 않았고, 거의 교류가 없었기 때문에 때로는 부적절한 정보나 주장을 수정할 근거도 없었다. 대학에서까지도 일방적인 반공주의적 내용을 교육 받았던 필자에게 공산주의 국가였던 체코 출신의 스위스 신학자를 찾아가 박사과정 학생으로 지도 받을 수 있게 되었다는 것은 여러 가지로 신선하고 설레이는 것이었다. 로흐만 교수는 공산주의와 그리스도교의 대화 운동을 주도했을 뿐 아니라, 반공주의와 친공주의를 넘어서고, 자유민주주의와 공산주의의 양쪽 체제의 문제성을 넘어 "제 3의 길"을 제시하도록 노력한 분이셨다. 그분에게서 스위스 종교개혁적 신학 뿐 아니라, 우리에게 잘 소개되지 않았던 동구 유럽의 신학전통도 함께 배울 수 있었던 것은 무한한 축복이었다. 스승에 대한 기대감을 한 순간도 저버림 없이 많은 가르침을 전해 주셨던 그 분을 생각하며, 그 감사함을 담아 이 논문을 집필하였다. 특별히 필자의 지도교수를 소개하는 이 논문을 연세대학교 신임교원 정착 연구기금으로 쓰게 되었음을 밝히며 이러한 기회를 준 연세대학교에 진심으로 감사한다.

2. 신학적 여정[3)]

로흐만의 신학적 여정을 설명하려면, 그의 고향인 체코의 노베 메스토(Nove Mesto nad Metuji)를 우선 언급하여야 할 것이다. 노베 메스토는 독수리 모양의 산맥아래 자리잡고 있는 프라하에서 약 한시간 거리의 소도시이다. 가톨릭 세력이 절대적으로 우세한 이곳에서 그의 조상들이 몇 안되는 개신교인으로 살아갔다는 것 자체가 이미 그 가족의 신앙적 내력과 기품을 설명해 주고 있다. 가톨릭이 절대 다수인 곳에서 개신교 신앙고백을 따라 살아간다는 것은 여러 가지로 불이익과 어려움을 감수하며 살아갈 수 밖에 없었다는 것을 뜻하기 때문이다. 로흐만의 가족에게 이러한 개신교적 신앙고백은 공동체의 삶 속에서 실천하는 살아있는 믿음과 노력이 연관된 것이었고, 그 가운데에서 가족예배는 그 중 가장 자그마한 실천사항이었다. 그런데 이 때 주로 불렀던 찬양이 후일에 그의 신학 사상에 많은 영향을 미쳤다고 회고한다.[4)]

어떤 한 신학자가 나오기까지 수많은 다른 사상가와 신학자와의 교차적 관계가 그 배경을 이루게 되고, 영향을 미치게된다. 로흐만의 신학적 사상이 형성되는데 주된 영향을 주었던 사람들을 언급하면 다음과 같다. 체코의 대통령을 지낸 토마스 마사리크(T. G. Masaryk)의 역사철학과, 로흐만 가족의 전통 속에서 잊지 못할 역할을 감당했던 요셉 룩 로마드카(J.L. Hromadka), 보후미르 포펠라(B. Popelar)나 얀 두스(J.

---

3) Vgl. J.M. Lochman, Ibid., 11-27; J.M. Lochman, *Mein Weg als evangelischer Theologe in Jahresbericht des Frey-Grynaeischen Institutes in Basel*, 1993/1994, Basel, 얀 밀리치 로흐만, 『살아있는 유산』, 김원배, 정미현 공역, (서울: 한국기독교 장로회 신학연구소, 1997), 161-189.

4) Vgl. J.M. Lochman, *Wahrheitssuche und Toleranz. Lebenserinnerungen eines Ökumenischen Grenzgängers*, (Zürich: TVZ, 2002), 23.

Dus)와 같은 이들의 신학사상을 언급할 수 있겠다. 그러나 로흐만이 결정적으로 신학을 공부하게 된 계기는 따로 있었다. 그는 먼저 자유로운 청년시절 그가 선호했던 연극과, 문학 그리고 철학을 공부하였다. 그런데 독일의 체코 침공은 안일하고 낭만적인 생각으로 철학과 문학을 더 공부하려고 했던 청년 로흐만에게 이러한 생각들을 접고 새로운 지평을 열어가도록 강요했다. 당시 전시체제의 상황에서 체코의 청년들은 제도권 안에서의 정규 교육을 제대로 받을 수가 없었고, 오직 신학교에서만 예외적으로 학업을 이어나갈 수 있었기 때문이었다. 그 당시 로흐만은 목사가 되고 싶은 마음이 없었기에 목회자로서의 길을 정말 가야 하는가에 대하여 무척 망설였다. 그러나 정규교육기관이 문을 닫은 상황에서 신학자들에 의하여 운영되었던 임시신학교에서 신학수업이 시작된 것 외에는 달리 학업을 지속할 수 있는 공간도 없었고, 이러한 장소와 기회가 주어진 것이라도 오히려 대단히 감사해야 할 일이었다. 해방 이후 대학이 다시 문을 열게 되자, 로흐만은 철학을 더 공부했지만, 내심으로는 이미 아무 조건없이 신학자가 되어있었다고 한다. 이후에 로흐만은 외국의 대학에 가서 신학을 더 공부하게 되었는데, 먼저 스코트랜드에서 가장 오래된 성 앤드류(St. Andrews) 대학에서 선물과 같이 주어진 장학금을 받고 밀도있게 신학수업을 받을 수 있었다. 또한 성 앤드류대학의 기포드 강연(Gifford-Lectures)을 통해 알게 되었던 스위스의 조직신학자 에밀 브룬너(Emil Brunner)의 주선으로 그는 스위스에서 계속 연이어 공부할 수 있는 초청장을 받게 되었고, 그 덕분에 유럽신학의 중심지인 바젤로 갈 수 있었다. 바젤은 인문주의자 로테르담의 에라스므스의 도시이자, 종교개혁자 존 칼빈이 그의 가장 중요한 저서인 그리스도교 강요를 집필했던 곳이었다. 이 말은 바젤에는 인문주의적 전통과 종교개혁의 전통이 고스란히 이어져 내려온다는 뜻이다. 무엇보다도 바젤은 칼 바르트(K. Barth)와 연관된 도시이다. 그러나 거기에는 또한 오스카 쿨만(O. Cullmann), 철학자 칼 야스퍼스(K. Jaspers), 생물학자 아돌프 포르트만(A. Portmann) 이외에도 훌륭한 여러 인물들이 있었다. 이 모든 분들에게서 그는 배웠고, 막스 가이거(M. Geiger)의 잊지 못할 주선과 칼 바르트의 강력한 지지로 로흐만은 이후 바젤 대학 교수가 되었으며, 마침내는 심지어 이 대학의 총장을 맡게도 되었던 것이다.

1967년 바젤대학 신학부 조직신학 교수로 초빙을 받기 전, 로흐만은 미국에서 가르쳤다. 그리고 그 이전 20여년 동안 그는 프라하의 코메니우스(J.A. Comenius) 신학부에서 가르쳤다. 그렇게 되기까지 신약신학자 소우첵 교수의 도움이 컸는데, 왜냐하면 그 분이 이미 로흐만의 학생시절에 박사학위논문뿐 아니라, 교수자격시험논문을 쓰라고 용기를 주었기 때문이었다. 그러나 실제로 박사학위논문(Doktorat)과 교수자격시험논문(Habilitation) 두가지 모두 그는 요셉 룩 로마드카(J.L. Hromadka)교수에게서 끝마쳤다. 로마드카는 신학부 교수로서 바르트와 마찬가지로 로흐만의 조직신학이 형성되는데 강력한 영향을 끼친 신학자였다. 특히 "고전적 그리스도교의 노선"을 이어가고, 정치적인 사건들에 대한 신학적 관심을 갖게하는데 도움을 주었다.[5] 체코에서의 활동 당시 그는 한동안 가족들과 함께 프라하의 비르카리히(Vjircharich-Gasse) 골목길에 위치한 후스(Hus) 신학부 기숙사에서 영적 지도를 총괄하고 행정적 책임을 모두 지닌 관장직을 맡았었다. 이외에도 정치적 압박과 여러 형태의 억압이 있었지만, 복음을 전달하는 교회공동체에서 지속적인 강연과 설교들을 이어 나갔었다.

---

5) 그러나 로마드카나, 바르트 그리고 소우첵 그 어느 누구도 "로마드카 제자"나 "바르트파" 혹은 "소우첵 추종자"가 되라고 결코 한번도 강요하지 않았다고 한다.

바젤로의 이전은 로흐만의 에큐메니칼 활동의 폭을 매우 넓혀주었다. 수 십년 동안 체코에서 로흐만이 국제적으로 에큐메니칼 활동을 할 수 있는 길은 전혀 없었다. 단지 때때로 여기저기서 이따금씩 로마드카 덕분에 한 통로가 열렸을 뿐이었다. 로흐만이 독일 본(Bonn)대학에서 보냈던 한 학기는 이후 그의 신학사상에 매우 중요한 영향을 끼친 만남을 가능하게 해 주었다. 그 때 그는 신학적으로 그리고 인간적으로 진심으로 한없이 존경했던 한스 요아킴 이봔트(Hans Joachim Iwand)와 헬무트 골비쳐(Helmut Gollwitzer)등과 가까이 하면서 대화할 수 있었기 때문이었다. 1966년 제네바에서 "교회와 사회"라는 주제로 모인 세계교회협의회(World Council of Churches) 모임과 1968년에는 웁살라에서 열린 총회 이후, 로흐만은 본격적으로 에큐메니칼 운동의 지도자로서 신학적 영향을 끼치며 활발한 활동을 벌이게 된다. 또한 그는 에큐메니칼 운동의 산실인 세계교회협의회 뿐 아니라, 개혁교회의 정체성을 강화하는 세계개혁교회연맹(World Alliance of Reformed Churches) 지도위원에도 뽑히게 되고 신학적 내용을 이끌어가는 결정적인 영향력을 발휘하였다. 이러한 일련의 경험들은 로흐만으로 하여금 세계 다른 지역 교회들과 정교회와 가톨릭교회의 풍부한 정신적 유산에 대하여 심도있게 연구하고 지속적으로 연대하면서 그 지평을 넓히게 했다.[6)]

---

6) 로흐만 저서목록을 간추린 것은 다음을 참고: Vgl. Klaus Seybold, ed., *Das universale Gebet Studien zum Unservater. Festschrift zum 70. Geburtstag von Jan Milic Lochman. Theologische Zeitschrift Bibliographie von J.M. Lochman für die Jahre 1961-1991, (Basel: Friedrich Reinhardt Verlag), Jg. 48, 1992, 187-206.*

3. 로흐만의 신학 사상

1) "하나님의 실재성"

로흐만 신학의 중심에는 이미 일찌감치 "하나님의 실재성(Gottes Wirklichkeit)"에 대한 인식과 고백이 깊이 작용하였다. 그는 초지일관하게 이 주제에 집중하는 것이 신학자의 우선적인 과제라고 생각했다. 로흐만이 고등학교 시절 가졌던 이 확신을 강력히 뒷받침하는 것은 바로 토마스 마사리크 전통이었다. 더욱이 이 세상을 넘어서고, 모든 종교적 이상들을 뛰어넘는 역사의 주님의 주권적 의지에 대한 경외로 성서적 경건과 신학이 성숙해 갈 수 있다는 요셉 로마드카의 확신이 깃든 역동적인 하나님 중심주의는 신학을 숨어서 공부해야했던 암울한 수년동안 교회 분위기를 내면적으로 활력있게 이끌어주었다. "하나님이 계시다(Gott ist)"라는 것은 로흐만과 그의 신학동지들에게 확실히 의심할 바 없는 원칙이며, 사실이었다.

체코에서는 1948년 2월 공화정부의 강제적 몰락에 의하여 적어도 관용적이던 문화적 분위기가 군사적 무신론주의로 바뀌었다. 게다가 다른 한편으로는 세속화가 급격히 진행되면서 하나님은 설 자리를 잃어가고 있었기 때문에, 이 하나님에 관하여 의미있게 전하는 것이 중요했다. 이러한 배경가운데 독일의 나치주의에 저항했던 신학자 디트리히 본회퍼(Dietrich Bonhoeffer)의 영향이 특히 중요했다. 그런데 이렇게 복합적으로 어려웠던 변화된 상황 속에서 오히려 신학의 순수성을 지켜 나갔던 사람들은 다름 아니라 미로스라브 불라(Miroslav Bula), 보제나 코마르코바(Božena Komárková)등의 평신도들이었다고 한다. 신학자들은 그들과 더불어 함께 일했는데, "계몽의 신학(Theologie der

Mündigkeit)", 복음의 "시민적 해석(zivile Interpretation)"을 위한 노력들은 화제거리가 되었고 세계교회에서도 일정한 주목을 끌었다. 에큐메니칼 영역에서 짧은 기간 동안 유행이 된 "무신론적(a-theistisch)" 신학자들인 "하나님 없는 신학자들(Theologen ohne Gott)"에 속하는 일련의 학자들이 있었고, 이러한 물결 속에서 헤매이는 시대사조가 또한 이 시기에 만연하였다. 그 경향은 당시 체코의 유혹적인 무신론의 형태에 의하여 전염된 것이기도 하였다. 무신론의 이와같은 세속화된 책략과 더불어 사람들은 믿음을 잃게 되는 것이었다. 세상적 견해에 따른 하나님에 대한 생각의 손실, 즉 "문화적인 고향상실(kulturelle Heimatlosigkeit)"은 반대로 무엇이 특히 성서적 하나님 이름에서 문제가 되는가에 대한 다양한 이해를 가져올 수 있게 한 것이다. 로흐만은 하나님을 "…필요한 존재가 아니라, 필요 이상인 분(Gott ist nicht notwendig; er ist mehr als notwendig.)"[7]으로 규정한다. 이것은 성서의 하나님이 우주적 움직임의 처음, 중간과 나중으로써 "폐쇄적인 존재 체계"로 지어졌다는 것을 뜻하지 않는다. 이스라엘의 하나님이신 성서의 하나님, 우리의 주님이신 예수 그리스도의 아버지는 한 분 하나님이시며 결코 평범한 신이 아니다. 놀라움과 경이로움의 분위기, 그러나 무엇보다도 기쁨과 은혜의 분위기가 하나님을 둘러싸고 있다. 그래서 로흐만은 하나님의 본질의 "요소(Element)"를 자유라고 묘사한다. 이렇게 하나님의 이름은 성서적 사고에 근거한다. 그 하나님의 속성은 자유함이다.[8] 이스라엘의 출애굽 경험에서 이 하나님의 이름이 드러났다. "나는 스스로 있는 자다".(출 3:14) 이것은 출애굽의 틀 안에서 노예의 생활로 부터 건져내어

---

7) J.M. Lochman, *Wahrheitssuche und Toleranz. Lebenserinnerungen eines Ökumenischen Grenzgängers*, 278.

8) Cf. J.M. Lochman, *The Lord's Prayer*, (Grand Rapids: William B. Eerdmans, 1990).

져 하나님의 백성이 되는 자유케하는 경험으로부터 계시되었다. 신약성서에서도 그것은 다르지 않다. 신약성서에서 하나님을 정의하는 중요한 표현은 곧 "죽은 자를 살리시는 하나님"(롬 4: 24), 곧 생명과 죽음을 화해하게 하시는 자유이다. 헬무트 골비쳐(Helmut Gollwitzer)가 말한 데로 "하나님은 생명과 화해하게 하고, 죽음의 세계로 생명을 침투시키는 것과 핵심적으로 동일하다."[9] 어떻게 신학이 이 격조 높은 주제를 다루는 것을 단념할 수 있겠으며, 어떻게 신학이 학문적 영역과 혹은 일상적 영역에서 단지 두려워하고 움추려 들 수 있겠는가? 이처럼 신학의 가치와 중요성을 강조했던 로흐만은 서부유럽에서 신학에 대한 경외심을 상실하고 여타의 대용품으로 대치하려는 이들과 신학하는 것을 힘겹게 고단해 하는 이들을 보았노라고 회고한다.[10] 이것은 그가 전체주의 사회의 제약들 속에서도 신학을 지키고 견디어 냈던 경험의 눈으로 본 것이었기 때문에 더욱 특별한 의미가 있었을 것이다. 동구유럽과 서부유럽 양쪽에서의 경험을 통해 로흐만이 체득한 것은 인간 본질에 대한 기본적 질문들이 터져 나오는 곳에서, 성서적 관점은 모든 것을 포괄하는 하나님이라는 주제에 자극을 주며 자유하게 하는 잠재력을 한결같이 보존한다는 사실이다. 로흐만은 사회주의 체제의 엄격하고 제한적이며 여러 가지의 금기사항이 있던 상황에서 하나님이라는 주제에 매달릴 수 있었던 것이 의식있고 참여적인 사람들에게 오히려 자유로운 공간을 풍성히 열어주었다고 보았다.

이러한 "하나님의 실재성"에 대한 로흐만의 신학적 출발점은 자연

---

9) Helmut Gollwitzer, *Krummes Holz, Aufrechter Gang*, (München: Chr. Kaiser, 1970), 284.

10) Vgl. J.M. Lochman, *Wahrheitssuche und Toleranz. Lebenserinnerungen eines Ökumenischen Grenzgängers*, 177ff.

스럽게 칼 바르트의 신학을 받아들이게 하였다. "…교의학이란 그 모든 부분들과 단락들, 그 전체와 부분들에서, 하나님이 존재한다는 것, 바로 그 사실 만을 전달하는 것이다."[11] 그래서 분명한 것은 여기에서 우리의 전문 지식이 중요한 것이 아니라, 바르트가 강조하는 것처럼 우리 인간이 "큰 일이나 작은 일에서, 우리 존재 전체에서 모든 것을 비출 뿐 아니라, 실제로 변화하게 하시는 하나님이 계시다는 이 사실성과 더불어 살도록 되어있고 살아야만 한다는 것이다."[12] 이와 유사한 방법으로 로흐만은 바젤의 실존주의 철학자 칼 야스퍼스(Karl Jaspers)를 읽어냈다. "초월자 한 분이 그 실재적인 존재이다. 신성이란 그 자체로 충분하다. 이에 대해 확신하는 것만이 그에게로 귀착되는 유일한 방법이다."[13] 즉 하나님의 실재성은 "불가능의 가능성(Unmögliche Möglichkeit)"이며, 주어와 술어의 관계에서 이 주어가 되는 하나님의 실재성은 다른 술어에 의하여 좌우되는 주어가 아니라, 그 주어가 주체적으로 다른 모든 것을 술어의 자리에 놓게 하는 것이다. 즉 상대화 되어질 수 있는 술어를 절대화하지 않는 것이다. 그리고 하나님의 실재성으로부터 하나님의 자유함과 신비로움을 읽어내는 것이다.

2) 그리스도적 집중과 삼위일체 신학

이처럼 "하나님의 실재성"에 기반한 "하나님이 계시다(Gott ist)"라는 기본 명제는 로흐만의 신학사상의 전제가 되었고, 그의 신학을 지

---

11) Karl Barth, *Die Kirchliche Dogmatik, II/1*, (Zürich: TVZ, 1986), 288ff.

12) K. Barth, Ibid.

13) Karl Jaspers, "Über meine Philosophie", 1941, *Rechenschaft und Ausblick*, (München: Piper, 1951), 345.

탱해 나가는 근거였다. 물론 이것이 그의 신학적 여정의 종착지는 아니었다. 이 여정에는 여러 굴곡이 있기도 했지만 지속성있게 계속 이어져 갔다. 로흐만은 바르트의 교의학적 기본 입장을 "그리스도론에 집중함으로부터 삼위일체 신학으로" 라는 명제로 표현하였다. 그리스도적으로 집중한다는 이 구호가 바르트 신학을 특징짓는 것이었고, 로흐만 역시 이것을 그의 신학적 여정에서 핵심으로 삼았다. 이러한 구호가 신학적인 전문용어(Terminus technicus)로써 작용했지만, 그것은 역동적인 생동감과 사회정치적 특성이 부과된 것이었다. 역사적으로 상당히 중요한 의미를 지니며, 오늘날까지도 영향력 있는 바르멘 선언 제 1명제는 (1934년) "예수 그리스도가 유일한 하나님의 말씀이다(Jesus Christus ist das eine Wort Gottes)"[14]라는 내용이다. 로흐만 또한 바르트와 마찬가지로 그리스도교 신앙과 신앙고백의 내용은 분명히 복음으로부터 출발해야지, 다른 전승이나 신화를 그 자리에 대체시킬 수 없음을 분명히 말하고 있다. 그런데 이 표현은 2차 세계대전을 배경으로 한 독일의 상황에서는 합당할지 모르지만, 오늘 21세기의 다원주의화된 세계 속에서는 오히려 배타주의적으로 들릴 위험이 있어서 오히려 거부되고 있는 실정이다. 그래서 "그리스도론적 집중(christologische Konzentration)" 이란 표현자체가 고리타분하거나 편협성을 드러내기 때문에 오늘날의 현대 신학에서 부적절한 것처럼 여겨진다. 로흐만 자신도 이러한 문제성을 잘 알고 있었다. 그러나 이 표현은 신학의 모든 영역에 기본적인 명확성을 부여하기 위함이라고 여겼기 때문에 이러한 내용을 포기하지 않았다. 이 표현이 신학 전체를 하나의 신학적 규율로써 요약할 수 있을 것처럼 보는 "그리스도 유일주의(Christomonismus)"로 혼동

14) K. Barth, *Texte zur Barmer Theologischen Erklärung*, (Zürich: TVZ, 1984), 2.

될 때 위험에 처해질 수 있을 것이다. 로흐만이 강조하는 것은 그리스도교 신학의 핵심으로써의 그리스도론이지, 이것을 다른 모든 것을 배제한 독선적이고 편협하게 유일한 내용으로만 삼는 것이 아니기 때문이다. 즉 신학은 그 주제들을 근원적인 그리스도 사건과 연관지어 전개시켜야 하는 것이 그 무엇보다도 중요하다. 그리스도론적 집중이라는 이 말은 예수의 몸이 되심, 그의 가르침, 십자가와 죽음으로부터의 부활에 초점을 맞추는 것이다. 로흐만이 이렇게 그리스도론에 관련하여 신학을 전개시킨 이유는 바르트의 영향 뿐만이 아니라, 로마드카와 소우첵의 영향이 이미 있었기 때문이었다. 이들에게 공통된 흐름은 신학이 다양한 소리를 내야 하겠지만, 그렇다고 해서 기본적인 정선율(Cantus firmus)이 빠지면 안 된다는 것이다. 그 정선율은 예수 그리스도의 십자가 사건에 근거하는 것이다. 그런데 그리스도 중심적이라는 말은 문자적으로 볼 때 "다른 이에게는 구원이 없다(Es ist in keinem anderen Heil)" (사행 4, 12)라는 것인데, 그러나 이것은 단순히 편협한 배타성을 지닌 일차원적인 문장은 아니다. 로흐만은 이 역설적 배타성의 문장에 대해 이렇게 설명한다. "나는 소우첵에게서 이 말이 의미하는 바가 그것과 다르다는 확신을 얻었다. 물론 그리스도에 대한 신약성서적 고백은 배타적이다. 곧 그리스도의 배타성이 문제이다. 그러나 이 말은 파당적이고 제멋대로의 원칙으로써의 배타성이 아니라, 인간적인 모든 차이와 한계를 넘어 그 인성이 포용적이었으며 모든 인간에게 연민을 품고 연대적인 삶을 사셨던 분을 뒤쫓으라는 강력한 요청이다."[15] 로흐만이 외국인으로서 스위스 바젤대학 총장자리에 올랐을 때 행한 연설에서 구호가 되었기도 했던 "진리를 향한 열정과 관용(Der Eifer der

---

15) Vgl. J.M. Lochman, *Wahrheitssuche und Toleranz. Lebenserinnerungen eines Ökumenischen Grenzgängers*, 281.

Wahrheit und die Toleranz)"의 의미는 이러한 소우첵의 헌신적인 교훈에 의거하고 있다. 그것은 대립적인 것이 아니라, 포괄적이고 연대적인 예수의 길을 따르라는 역설적인 요청이며 그러한 길 위에 놓여진 하나의 긴장이다.[16]

그리스도론적으로 집중된 로흐만의 이러한 교의학적이고 윤리적인 신학의 태도는 그가 두 명의 다른 조직신학자와 함께 발표한 "대화 속의 교의학(Dogmatik im Dialog)"[17]이라는 세 권의 책에서 더욱 분명하게 드러난다. 이 교의학의 궁극적인 주제는 신론이지만, 하나님에 대하여 이야기 한다는 것 자체가 바로 다름 아니라, 예수 그리스도의 복음에 집중되는 것이다. 성서의 하나님이 누구이신가 하는 것을 알려고 한다면, 바로 이 방향에서 찾아야 하는데 그리스도교의 하나님이란 공허한

---

16) Vgl. J.M. Lochman, Ibid., 281.

17) 이 책은 바르트 학파라기 보다는 바르트 신학과 일정한 거리가 있는 불트만 학파에 속하며 종교학에 대해 점점 많은 관심을 가진 하인리히 오트(Heinrich Ott)와 급진적으로 자유주의적이며 실존주의적 비판 신학의 대표자인 프리츠 부리(Fritz Buri)와 체코와 스위스의 개혁주의적 전통에 충실하면서도 사회정의의 문제에 관심하여 교의학과 윤리학을 접목시킨 얀 밀리치 로흐만 세 사람의 강의 내용을 편집한 것이다. 세 조직신학자가 공동으로 개최한 강의에서 이들은 교의학의 전통적 자리(loci)의 대부분을 채워 나가면서 체계적으로 대화의 방법을 취했다. 그러나 이 작업은 서로 다른 관점들에서 보기 때문에 쉽지 않은 작업이었으며, 만족스러운 성과를 내지 못했다고 보았다. 그럼에도 불구하고 세 권으로 된 화려한 교의학 책이 그 결과물로 나왔다. 이 세 명의 조직신학자는 아주 드물게 공통된 의견을 가졌다. 이 책은 열정적인 강의들과 정열적인 토론들의 집산물이다. 로흐만은 신학이 결코 "완성된" 작품일 수 없다는 것과 서로 다른 견해를 지녔더라도 논쟁하고 합의점을 찾아나가야 하는 것이 필요하기 때문에 다른 사람얘기에 귀 기울이는 것이 중요함을 강조한다. 서로의 주장 가운데있는 모든 열정에도 불구하고 이 세신학자 사이에 신학적인 거리감을 좁힐 수 없었다는 것이 그는 모두에게 좋은 경험으로 남아있다고 회상했다. Vgl. Fritz Buri, Jan Milic Lochman, Heinrich Ott, *Dogmatik im Dialog. Die Kirche und die Letzten Dinge*, (Gütersloh: Gütersloher Verlagshaus, 1973); Fritz Buri, Jan Milic Lochman, Heinrich Ott, *Dogmatik im Dialog, Theologie, Offenbarung, Gotteserkenntnis*, (Gütersloh: Gütersloher Verlagshaus, 1974); Fritz Buri, Jan Milic Lochman, Heinrich Ott, *Dogmatik im Dialog. Schöpfung und Erlösung*, (Gütersloh: Gütersloher Verlagshaus, 1976).

원칙이 아니라, 몸으로, 특히 유대적 몸으로 변화된 말씀이다. "또 성령으로 감동하지 않고서는 아무도 '예수는 주님이시다' 하고 말할 수 없습니다."(고전 12,3이하)라고 사도적 교회는 구체적으로 덧붙인다. 여기에서 "하나님이 계시다(Deus est)"라는 인상적이며 변화할 수 없는 이 문장의 의미가 분명해진다. 즉 하나님은 그리스도와 성령 안에 계시다. 삼위일체론에 대한 해석과 접근이 신중해야 함을 로흐만은 강조하면서 고대교회적 "비의훈련(Arkandisziplin)"[18]이 필요함을 말한다. 하나님의 초월적 비밀을 말하는 교의가 사회 윤리적 일관성을 지녀야 한다는 것이 로흐만의 신학적 태도인데, 그렇기 때문에 삼위일체론도 교의적인 논의로만 끝날 수 없는 것이다. 그는 콘스탄틴 시대 초기에 그리스도교를 하나의 공식적이며 제국주의적으로 이데올로기화 하는 유혹에 맞서서 삼위일체론이 잠재적이면서도 실제적으로 제동기의 역할을 해냈다고 보았다. 즉 "구별됨 없이 단순한(reiner-undifferenziert)" 유일신주의는 논리적 이데올로기 즉, 한 분 하나님, 한 황제, 한 제국의 형태로 잘못 이끌어 갈 수 있고, 그러한 이데올로기를 도왔던 신학자들이 분명히 존재한 것이다. 그러나 삼위일체론은 그렇게 쉽게 잘못 사용되어질 수 없는 것이었다. 왜냐하면 삼위일체 교의를 이끄는 관계들의 양태가 위계질서적이고 권위적이지 않기 때문이다. 특별히 로흐만은 하나님 아버지, 아들, 성령의 관계는 종속적이지 않고, "상호교환적(perichoretisch)"임에 주목한다. 간단히 말해서 하나님은 본질상 공

---

18) 비의훈련이란 그리스도교 이전 종교적 제의의식에서 비롯된 것을 초대교회가 이어서 실행한 방법이다. 이것은 로마제국 시대에 아직 그리스도교 공동체가 제도화되기 이전에 공동체 내부에서 비의적으로 서로를 알리면서 그리스도교의 정체성을 키워 나갔던 방법이다. 20세기에 나치즘이 등장하고 세속화가 진행되던 것에 맞서서 독일의 신학자 본회퍼는 그리스도교인이 초대교회적 비의훈련을 새롭게 적용해야 될 필요성을 말했다. 비종교적 언어를 사용하고 직설적이지 않더라도 복음의 핵심적 내용을 전하고 사회정의를 실현해야 함을 강조한 것이다.

평하며 사랑의 연대성을 드러내신다. 이것은 사회적으로 관련된 것이며, 하나님 형상으로 지음받았다는 것은 지음받은 이들의 의무를 드러내는 것이다. 신앙고백자들을 인간 관계의 영역에서 단순히 기계적으로 축소하지 않고, 이들의 마음을 이끌어내는 교의학적 자극은 공동체 안에서 신앙을 지키는 창의적인 사랑이다. 바로 이러한 삼위일체에 대한 일방적인 고찰이 아니라, 풍부한 성찰의 유산들 가운데 하나를 로흐만은 체코 신학 전통에서 특히, 그 가운데에서도 얀 아모스 코메니우스(J.A. Comenius)에게서 찾았다. 코메니우스는 삼위일체적 사고를 귀히 여기면서 정열적으로 대변했던 대표적인 신학자였다. 코메니우스는 교의학의 의도를 깊이 이해하면서, "하나님은 외롭지 않다(Deus non est solitarius)" 하나님은 "특별히 대화적이다(summe communicativus)"라는 명제를 강조한다.[19] 바로 이것이 신,구약성서의 기본적인 복음의 멧세지임을 코메니우스가 강조했고, 그 전통을 이어받은 것이 로흐만이다. "창조를 굽어보시는 계약의 하나님은 궁극적 일관성 속에서 육신이 되신 하나님이고 우리와 함께 하시는 임마누엘이다. 대화가 단절되고 소통이 깨어진 세계 가운데에서, 하나님과의 일체감과 관계를 회복하고 소통하는 것이, 각 성서본문의 구절들에서 뿐만 아니라, 하나님의 본질 자체에 근거한 신앙인에게로 향한 요청이다."[20]

---

19) J.M. Lochman, *Wahrheitssuche und Toleranz. Lebenserinnerungen eines Ökumenischen Grenzgängers*, 283.

20) J.M. Lochman, Ibid., 283.

4. 신학적 방법론으로써의 대화와 찬송

로흐만은 자신의 신학적 방법(Methode der Theologie)에 대해 고민하며 일관성있게 하나님의 삼위일체적 본질에 대하여 숙고하였다. 그는 그의 신학적 방법을 "대화와 찬송"이라는 두 개념을 사용하여 설명하고 있다. "대화(Dialog)"라는 말은 로흐만에게 있어서 아주 특정한 역사적 상황과 우선적으로 연관되어있는데, 특별히 그가 "실현된 사회주의 체제(real-sozialistisches System)" 가운데 60년대의 체코사회를 경험하였기 때문에 그렇다. 그 당시 신학은 공식적 이데올로기와 체제에 의하여 사회적인 게토 안으로 밀려들어갔다. 그래서 학문적 작업을 할 수 있는 공간은 굉장히 제한된 것이었다. 이러한 제한적 공간의 울타리를 넘어 다른 전공과 다른 방향의 사람들과 교류하고 접촉을 하는 것은 적대적으로 받아들여졌으며, 이런 경향을 보이는 사람들에게는 심지어 강제적 제재와 위협이 가해졌다. 이러한 어려움을 타개하는 방법으로 로흐만은 그의 동료들과 함께 새로운 세대 가운데 대화적으로 열려있는 마르크스주의자들과의 접촉을 시도하였다. 이것은 그리스도교 측에서는 로마드카의 독창력이 있어 가능한 것이었고, 마르크스주의 측에서는 마코비치(Milan Machovič)와 가라다브스키(Vítězslav Gardavský)가 있어서 가능했다. 이들과 더불어 후스 신학부가 발전시켰던 당시 갓 시작된 에큐메니칼 대화운동에 협력한 사람들의 철저한 협조로 이러한 시도가 사회적 발효제의 역할을 해냈다. 이 움직임은 1968년 프라하의 봄에서 그 절정기를 맞게 되었고, 거기에서 더 나아가 에큐메니칼적 반향을 일으켰던 그리스도교인과 마르크스주의와의 대화의 전개가 가능하게 되었다.[21] 이러한 대화의 시도와 1968년 운동전체를 거시적 안목에서 비판적으로 되돌아보게 하는 많은 사람들이 있다. 그러나 이것은 사회주의적 상황 속에서 신학이 자리매김할 수 있게 한 사건이었다. 신학자들이 그러한 체제 가운데 객체일 뿐만 아니라, 정치적 사건의 깨어있는 주체라는 시민적 경험과 신학과 그 주제들이 공 적 타당성을 갖고 또한 적대감으로 세속화되어진 상황에서 중요성을 갖는다는 것을 신학적으로 확인하는 것이었다.

로흐만은 신학적 방향성과 신학적 작업의 내적, 외적 방향성의 방법론이자, 도구로써 "대화(Dialog)"라는 것을 소중하게 여긴다. 성서적 증언의 전형적인 본질이 바로 대화에 기초하고 있다고 보았기 때문이다. 하나님의 계시는 기계적인 방법으로 일어나는 사건이나 하늘에서 땅으로 떨어져 내리는 어떠한 현상이 아니라, 하나님께서 개인적으로 말을 거는 것이며, "우리 가운데 거하는(das unter uns wohnte)" 말씀이다. 이것은 "대화의 총체(summe communicativus)"라는 특성에 부합하는 것이다. 로흐만은 이것을 이차적으로 교의학과 교의적 작업의 기술적 측면에도 해당되는 것으로 보기 때문에 고대교회의 고전적인 교의들로부터 몇 단계 낮추어서 신앙을 표현하는 오늘날의 에큐메니칼 시도에 이르기까지 대화적으로 서로 교통하는 과정이 중요하다. 즉 조직신학의 역사적 과정과 역사철학적 접근을 중요시 하는 것이다. 그것은 단순히 연대기적으로 교회사를 나열하는 것과는 질적으로 다르다. 전통과의 끊임없는 대화를 통하여 오늘의 상황에서 조직신학적으로 고백하며

21) 로흐만의 이러한 마르크스주의와의 대화 운동의 결실은 그의 책 「그리스도냐 프로메테우스냐」에 잘 드러나 있다. 이 책은 아울러서 그의 그리스도론을 이해하는데 가장 핵심적인 저서이기도 하다. 인간을 돕기 위하여 스스로 불을 가져다 주고 죽음을 맞게 된 그리스 신화의 프로메테우스와 인간을 구원하기 위해 십자가에서 죽음을 맞게된 예수 그리스도의 유사성과 차이점을 구별하며 그리스도론을 전개하는 것이다.

표현하는 것이 중요하기 때문이다. 로흐만은 성령의 본질 또한 바로 대화에서 찾았다. 그것은 예루살렘의 첫 사도회의에서 표현되었던 것처럼 "성령과 우리의 마음에 드는 데로"(행 15,28)라는 것을 중요하게 여겼기 때문이기도 하다. 성령은 독백을 좋아하지 않으며, 독선적이 아니다. 이러한 신학적 전통을 이어받은 로흐만은 신학적 방법론을 이에 적용한 "대화 속의 교의학"을 구성하기 위하여 정성을 다했다.

로흐만은 그의 신학적 방법론, 특히 교의학의 방법을 대화에서 찾지만 그것이 그가 지향하던 신학적 작업의 유일한 요소가 아니었다. 그래서 대화의 방법 외에 두 번째의 요소로써 "찬양(Doxologie)"을 언급한다. 로흐만은 신학을 신앙의 사고로써 정의하지만, 그렇다고 해서 이 말이 단순한 경건성의 표현만은 아닌 것이다. 여기에서 언급되는 사고란 그 "신학의 대상(Gegenstand der Theologie)"에 부합하는 사고이며, 그것은 바로 다름이 아니라, 그리스도 안에서 말씀 그 자체이신 하나님에 대한 사고이다. 그렇기 때문에 신학자의 사고는 그의 본질에서 추상적이 아니라, "중립적(neutral)"이며, 그 사고는 찬송하고 예배하는 경건성의 차원을 지닌다. 그래서 로흐만은 기도는 신학작업의 전제이자 신학작업에 우선적으로 동반되는 것이라 본다. "하나님이 인간에게로 향하시는 것은 인간을 하나님에게로 향하게끔 한다. 우리들의 삶이 절정에 이르렀을 때나 나락으로 떨어졌을 지라도 하나님에 대한 찬양은 끊일 수 없다."[22]

로흐만의 저술 가운데 핵심적인 세가지 기본적 "교리서(Katechismus-Texte)"가 있는데 사도신경해설, 십계명과 주기도문 해설서가 그것이다.[23] 이 세가지 저서 가운데 그가 주기도문으로 끝맺음 하면서 이에

---

22) J.M. Lochman, Ibid., 288.

23) Vgl. J.M. Lochman, *Wegweisung der Freiheit. Abriss der Ethik in der Perspektive*

합당한 가치를 부여한 것은 단순한 우연이 아니다. 또한 교의학과 윤리학의 통섭을 추구하는 그의 경건적 실천(praxis pietatis) 때문만도 아니다. 학문으로써의 신학에서 본래적 본질을 해명하는 것이 그에게 중요했기 때문이다. 그는 교부들의 시대로부터 전해 내려온 "기도의 법은 신앙의 법(lex orandi-lex credendi)"이라는 기본명제를 강조한다. 이것을 좀 더 확장된 형태에서 볼 때는, 즉 "가르침의 법이 삶의 법(lex docendi, lex vivendi)"이라는 것이다. 여기서 그가 주장하는 것은 신학적 사고의 본래적 움직임은 찬양적이라는 것이다. 우리가 고전적인 교의적 텍스트, 구체적으로 삼위일체 교의를 (물론 그리스도론의 교의도) 고정된 것으로 묘사된 것으로 본다면, 우리는 그것을 이해하지 못한다. 우리가 그것을 본래적 본질에서 넘어서서, 감사하며, 감사를 말하는 신앙의 움직임에서 정적이 아니라, 동적으로 이해할 때에만 우리에게 더욱 구체적으로 와 닿을 수 있다.[24]

우리가 생각하는 것 자체가 바로 삶에도 마찬가지로 해당된다고 하면서 로흐만은 칼 바르트의 "묵시적(apokryphen)" 표현을 즐겨 인용하

---

des Dekalogs, (Gütersloh: Gütersloher Verlagshaus, 1979); J.M. Lochman, *Das Glaubensbekenntnis. Grundriss der Dogmatik im Anschluss an das Credo*, (Gütersloh: Gütersloher Verlagshaus, 1985); J.M. Lochman, *Unser Vater. Auslegung des Vaterunsers*, (Gütersloh: Gütersloher Verlagshaus, 1988); J.M. Lochman, *Signposts to Freedom: Ethics and the Ten Commandments*, (Minneapolis, MN: Augsburg, 1982); J.M. Lochman, *The Faith We Confess*, (Edinburgh: T&T Clark, 1985); J.M. Lochman, *Lord's Prayer*, (Grand Rapids: William B. Eerdmans, 1990).

24) 로흐만은 그 예로 어거스틴이나 안셀름과 같은 사상가들의 예를 든다. 그들의 책을 읽어보면, 그것은 훈련되어진 사상적 작업의 결과물이며 내용이 풍부한 본문들이라는 것을 알 것이기 때문이다. 그러나 동시적으로 그것은 하나님의 은혜와 진리에 대한 감탄과 찬양을 지닌 요소의 글로 평가한다. 그래서 에큐메니칼 신학자 쉴링크 (E. Schlink)의 말에 동의하며 에큐메니칼 신학에서 "교의학의 찬양적 체계 (doxologische Struktur des Dogmas)"를 말한다. Vgl. J.M. Lochman, *Wahrheitssuche und Toleranz. Lebenserinnerungen eines Ökumenischen Grenzgängers*, 288.

였다. "기도하려고 두 손을 모으는 것이 이 세계의 무질서를 거부하는 첫 걸음이다.(Die Hände zum Gebet falten ist der Anfang der Auflehnung gegen die Unordnungen der Welt)"[25] 이 문장은 구성상 두 부분으로 되어있는데, 두 부분이 나누어 질 수 없이 연결되어 있다. 기도하느라고 손을 모으는 것은 중요하고 필요한 일이다. 세계의 불의에 대항하고자 할 때는 우선적으로 믿음을 지닌 사고가 중요한데, 그 믿음을 위해 가장 기본적인 배경이 되는 것이 기도이며, 그것을 지속하는 것은 귀중하다. 그 기본적 배경이란 지속적으로 인간적인 삶을 개선하기 위하여, 그리고 멀리 혹은 가까이에 있는 사람들과의 대화와 협력을 목표로 한다. 따라서 신학의 찬양적 몸짓이란 대화적인 기본 태도이며, 이것은 곧 교회와 사회와 연결되어지는 것이다.

5. 신학의 장소로써의 교회와 대학

로흐만은 신학의 사회적 기초와 사람들 사이의 신학의 고향(die zwischenmenschliche Heimat der Theologie)이 어디인지에 대해서 근본적인 질문을 제기한다. 신학의 가치를 나타내는 장소는 분명히 교회(die Kirche)이지만, 그러나 그 효력이 들어나는 공간은 배타적으로 그곳에만 국한되지 않는다. 신학의 과제는 포괄적이어서 교회라는 한정된 범위만을 지니지 않기 때문이다. 그럼에도 불구하고 로흐만은 신학의 고향, 그 가치를 지켜주는 장소는 일차적으로 그리고 의심할 바 없이 교회라고 본 것이다. 이러한 확신은 로흐만이 그의 신학적 여정의 처음

25) Ibid.

부터 마지막까지 일관성있게 지녀왔고 유지했던 자세였다. 신학이 봉사해야 될 대상은 바로 우리의 교회들이다. 로흐만이 체코 프라하에서 전체주의적 압제에 의하여 위협받던 시절에 특히 그러하였다. 교회와 그 공동체와의 근원적인 연대감은 로흐만의 신학적 스승과 동료들에게서 아주 분명하게 드러나고 가시화 되었다. 체코에서 교회 총회임원이나 코메니우스 신학부 교수들은 모두 교회와 연관되어 있었지만, 로흐만은 미국과 스위스에 와서 교회와 연관짓지 않거나 교회의 주변부에만 머무르는 신학자들을 많이 만났고, 그것에 대해 놀랐다고 회고한다. 한 신학자의 순수 학문적 업적이란 것이 분명히 가능할지 몰라도, 그에게는 의심스러운 것으로 보였다. 그는 교회와 관련되지 않은 순수 학문적 업적으로써의 그러한 태도를 신학이 사회적으로 뿐만 아니라, 신학 자체가 본질적으로 교회에 속한다는 측면을 간과하는 것이라고 보았다. 그래서 로흐만은 가장 좋아하는 표현이라거나 결코 아주 바람직한 표현이라고 보지는 않았지만, 그는 신학을 "교회의 기능(Eine Funktion der Kirche)"이라고 표현하였다. 신학의 존재 이유가 바로 교회를 위한 학문이란 뜻이다. 교회와 신학에 대한 멸시와 억압이 있던 어려운 시기였음에도 불구하고 사회주의 체제 속에서 생동하는 교회를 체험한 이러한 풍요로운 경험을 토대로 로흐만은 이후 자유 민주주의 국가 스위스에 살면서, 신학자로서 그리고 이후 에큐메니칼 운동 안에서 이러한 내용들을 되살려낼 수 있었다. 그래서 사회주의적 체코에서의 체험이 자유민주주의적이고 새로운 조건들 속에 있던 스위스에서 그를 항상 돕고 지탱하여 주었다고 고백하는 것이다. 또한 스위스 교회가 기대하지 않게 아주 즉각적으로 그를 받아들였던 것도 이와 관련 있었다. 구체적인 교회 공동체와 연결하는 것이 사회주의적인 체코에서와 마찬가지로 자유 민주주의적인 스위스에서도 중요하다는 것이 그에게는 바로 분명했다. 그랬기 때문에 정치 체제가 다를 지라도 신학의 고향이 교회라는 것을 그는 결코 의심하지 않았던 것이다.

신학의 중심 영역이 교회라는 이러한 신념 이외에 그에게 아주 중요했던 다른 한가지는 "제 2의 고향"으로써의 대학이었다. 그가 프라하에 있을 때, 대학은 제도적으로 정치 구조 안에 지배되어 있었다. 로흐만은 그 당시 체코의 대학에서 다른 학문 분야와의 상호교류와 의사소통의 가능성이 결여되어 있음을 아쉬워했다. 한 신학자에게 역사적 이유에서 뿐만 아니라 귀중한 학문의 총체성(universitas literarum)이 무엇보다도 중요하기 때문이었다. 고전적인 의미에서 다른 학문분야의 대표자들과 대화할 수 있는 것은 하나의 매혹적인 가능성이었다. 그러한 융합과 통섭의 가능성을 그가 교수로서, 그리고 후에는 총장으로서 충분히 활용하였기 때문에 그의 신학적 지평이 더욱 넓혀 질 수 있었다.

바젤 대학 총장의 인장에는 열려진 성경책 위에 위로부터 손이 펼쳐져 있는 모양이 새겨져 있다. 거기에는 경건(pie), 정의(iuste), 절제(sobrie) 그리고 지혜(sapienter)의 네 단어가 들어 있다. 이것은 네 개의 고전적 미덕을 언급한 것이다. 이 내용은 우선적으로 기본적인 네 학과와 연결되어 있는 것이기는 하지만 그 뿐 아니라 대학의 모든 학과에 공통적으로 해당되는 것이다. 이러한 네가지 차원의 학문적 요소는 모두 우리 인간이 창조해 낸 것이 아닌, 예수 그리스도의 진리 안에 그 뿌리를 두고 우리들은 각기 자기의 방식과 법도에 따라 이 진리를 공통적으로 추구한다는 의미를 지니는 것이다.

로흐만은 체코 종교개혁의 얀 후스적인 모티브에 착안하여 성서적 의미에서의 진리(die Wahrheit)라는 것과 학문과 학문하는 사람들에게 추구되는 진리를 구별한다. 그러나 성서적 의미에서의 진리 추구가 학문적 진리 추구를 배제하지 않는 것이다. 즉 성서적 진리 추구는 일반적 학문의 진리 추구의 문제와 무관하지 않다. 그리고 얀 아모스 코메니우스의 유산의 본질을 로흐만은 "학문들 사이의 교류"라고 보고 있기 때문에, 이러한 진리 추구의 연관성과 협력이 무엇보다도 중요하였다. 또한 이후 근현대 철학의 대가인 엠마누엘 라들과 칼 야스퍼스에게서 보여지는 것처럼 진리의 특권에 대한 공통적인 강조가 그의 신학 작업의 폭을 더욱 넓히는데 도움을 주었다. 로흐만은 총장직을 수행하고 난 뒤 총장 재임기간에 대학과 바젤시 두 군데가 그의 "목회장소(Gemeinde)"가 되어주었다고 회고하였다. 대학은 또한 그에게 "제 2의 고향"이 되어 주었다. 이 모든 것을 그는 학문적 교만에서가 아니라, 교회와 대학에 관련된 그의 여정을 회고하면서 언급한 것이다. "교회와 대학, 이 관계는 교회냐 대학이냐 (Kirche oder Universität)하는 잘못된 양자택일을 하는 것이 아니다. 두 군데 모두가 신학적 작업을 위한 합법적인 공간이었던 것이다. 그러나 어느 한편으로도 균형을 잡지 못한 채 '양 쪽으로 절뚝거리는 것(das Hinken auf beiden Seiten)'이라면 그것은 가치 있는 것이 아니다. 상황에 따라 우선성을 고려하는 것이 중요하다."[26] 이미 "첫 번째"와 "두 번째"의 고향이라고 로흐만 자신이 언급한 바와 같이 그에게 있어서 교회와 대학 모두 소중한 신학적 공간이었다.

로흐만은 그러한 관계를 두가지 차원에 연관지어 표현한다. 한가지는 고대의 조각상이고, 다른 한가지는 그가 신학 다음으로 그토록 소중하게 생각했던 축구였다. 일반적으로 서 있는 인간의 모습을 담은 조각상의 기본적이고 전형적인 특징은 지탱하는 고정적인 다리(das Standbein)와 움직이는 다리(das Spielbein)로 구분되어 있다는 것이다. 그것은 즉 인간에게 서있는 다리가 있고, 놀이하는 다리가 있다는 것이

---

26) J.M. Lochman, Ibid., 291.

다. 신학은 교회를 지탱하고 서 있는 한 다리이다. 다른 한 다리는 학문 공동체, 즉 대학과 같은 공간에서 나머지 한 다리를 움직인다는 뜻이다. 로흐만은 두 다리 모두 신학적 여정을 위하여 필요하다고 보았다. 즉 고정적인 형태의 안정성도 중요하지만, 유희적으로 "놀이한다는 것"도 중요하다는 말이다. 문자적 의미에서의 놀이뿐 아니라, 운동으로써의 놀이 말이다.[27] 특히 축구를 좋아했던 그는 여러 형태의 압제와 제약이 있었던 체코에서 이들을 지탱해 준 운동과 축구가 신학부 생활에서 얼마나 중요했던가를 언급한다.[28] 그러나 그가 말하는 두가지 지탱점은 이런 의미에서의 놀이에만 국한되지 않는다. 그는 여러 관점들로부터 비롯되는 인식을 위한 진리추구의 놀이를 생각한다. 그것 역시 신학에 속한다고 본 것이다. 대학은 하나님의 자녀의 자유라고 하는 큰 틀 안에 놓여진 진리를 추구하는 신학의 한 장소이다. 그것을 잘 활용한다면, 그 때문에 그가 두번째의 고향이라고 지칭한 대학은 그 자체가 아주 소중하며 가치 있는 기회일 수 있다. 이처럼 인식의 놀이는 신학과 신학자의 건강함을 유지하는데 도움을 준다. 물론 그 인식의 놀이는 견고한 "지탱목"을 갖고, 그것과 더불어 신학이 서고 넘어지는 그 토대를 약화시키지 말아야 할 것이다.

---

27) Vgl. J.M. Lochman, Ibid., 291f.

28) 로흐만이 운동을 좋아하고 축구를 잘한다는 사실은 체코에서 뿐 아니라, 스위스에서 많은 사람들에게 보편적으로 알려져 있었다. 심지어 그분의 장례식을 담당한 바젤 뮌스터 목사인 프란츠 크리스트 박사는 바울서신과 관련하여 "목표를 향한 생명의 면류관을 위한 달음질"을 주제로 그분의 생애와 운동을 연관지어 설교하였다. 참고: 프란츠 크리스트, 정미현 역, "로흐만 박사 장례식 설교", 『말씀과 교회』, 36호, 2004, 18-24.

6. 결어를 대신하여: "세상의 상태는 변화된다 (Status mundi renovabitur)"

로흐만은 그의 신학적 여정을 늘 희망에 대한 마지막 화음으로 끝맺음 하였다. 그는 "체코 종교개혁의 종말론적 희망(Die eschatologische Hoffnung der tschechischen Reformation)"이라는 체코의 교회사학자 아메데오 몰나(Amedeo Molnar)의 논문에서 얀 젤리브스키(Jan Želivský)[29]의 "세상의 상태는 변화된다.(Status mundi renovabitur)"라는 문장을 접하였다. 이후 그는 굉장히 자주 이 문장을 그의 신학적 작업에 인용했다. 바로 이 문장에 체코 종교개혁 유산의 본질적인 부분이 요약되어 있다고 보았기 때문이다. 이러한 유산은 그 유산의 결실인 종말론적 관점이며 이것은 로흐만이 항상 감사와 확신을 갖고서 거듭 강조하던 내용이었다.

그가 말하는 그리스도교적 희망이란 일반적 기준으로 보았을 때에 희망이 없어 보이는 상황에서도 희망의 소리를 전하는 것이었다. 더욱이 그러한 소리가 어떠한 상황에 있을지라도 그리스도교인들에게 분명히 울려퍼진다는 것이 핵심이다. "그리스도교적 희망이란 적당한 상황에 의하여 적당히 주어지는 것이 아니다. 그것은 낙관적인 분위기의 산물이 결코 아니다. 그리스도교적 희망은 실제로 더 깊은 곳, 즉 부활체험과 그러한 체험의 궁극적이며, 종말론적인 가치에 그 뿌리를 내리고 있다."[30] 로흐만은 역사적으로 그가 목격했던 남미에서, 한국에서 그리고 아프리카 곳곳에서 또한 전체주의적 독재자들에 의하여 자

---

29) 1380-1422사이에 살았던 체코 종교개혁의 대표적 지도자. 그는 신분계층이 낮았던 프라하의 체코인들의 절대적 지지를 받고 후스파의 혁명을 이끌었으나, 시의회의 체포를 받고 처형되었다.

30) J.M. Lochman, Ibid., 292.

행된 억압과 민주화 항쟁 가운데 있었던 여러 형태의 외침에서 구체적으로 이러한 희망을 분명히 인식할 수 있었고, 끊임없이 부활의 희망(Osterhoffnung)을 전하여 주었다고 보았다. 이것은 체코의 신학적 지형도가 체코라는 지리적 공간성에 머물지 않고, 구체적으로 하나님의 정의를 추구하고 하나님 나라를 대망하면서 인간적 책임을 다하여 가는 세계 여러 곳으로 확산되었음을 말하여 주는 것이다. 체코의 종교개혁은 이러한 희망과 더불어 전하여지고, 그 전통을 유지하여 왔다. 체코의 종교개혁은 희망을 사소한 개인적인 일로써 그 자체로만 축소시키지 않았고, 공적으로 교회와 사회와 연관지었다. 얀 밀리치 크렘지에[31]로부터 코메니우스[32]에게로 희망의 이러한 차원은 면면히 이어져 내려왔다. 로흐만은 바젤 대학에서의 임기 말년에 코메니우스를 재평가하면서 더욱 주목하여 연구하였고, 현대사회가 직면한 여러 가지 사회 문제에 대안적 가치를 줄 수 있는 무척 소중한 주제로 소개하였다. 신학의 첫 번째이자, 두 번째 고향인 교회와 대학을 위한 그의 신학에서 희망은 늘 종말론적으로 자리 매김되었고, 그것은 사회적 환경이 좋았을 때나 나쁜 때에나 마찬가지였다. 이 희망은 죽어가는 어머니인 체코 동포단의 성실한 아들이며, 동시에 교사였던 코메니우스로 하여금 대화와 찬양 하면서 "세상적 일들의 개선(Verbesserung der menschlichen Dinge)"을 이끌게 하였다.[33] 이것은 자동적으로 일어나는 것이 아니라, 복음의 힘을 의지할 때 가능하다. 또 그 역동성을 통하여 우리가 살아가고 우리 주변의 삶의 여건들을 개선해 나갈 수 있는데, 이

---

31) Cf. Milan Opocensky and Jana Opocenska, ed. *The Message For The Last Days. Milic of Kromeriz*, (Geneva: World Alliance of Reformed Churches, 1998).

32) Vgl. J.M. Lochman, *Comenius*, (Freiburg: Imba Verlag, 1982). 정미현, "세상의 미로와 마음의 낙원",『말씀과 교회』, 18호, 1998, 132-149.

33) Vgl. J.M. Lochman, Ibid., 293.

러한 중요한 관점이 바로 "세상의 상태는 변화된다"라는 것이다. 그것은 인간의 시각으로 볼 때 아주 암울한 시대에도 해당된다. 그 때문에 종말론적 희망을 지닌 신학의 관점을 갖고 대학, 교회와 사회에서 그 무엇과도 대치되어질 수 없이 그 목표를 향해 달려갈 수 있는 것이다.

로흐만은 그의 신학적 여정에 대한 자서전의 첫번째 작은 단락을 "태초에 하나님이 계셨다"는 것으로 시작했다. 이에 상응하는 마지막 말로 그의 신학적 여정을 끝맺음하는데, 그것은 마지막의 마지막이신 하나님, 그리고 그 가운데 간과할 수 없이 십자가가 있다는 것을 강조한다. 즉 "십자가가 우리의 유일한 희망이다(Ave crux-spes unica)". 때문에 교회와 신학은 이러한 종말론적 척도와 관점에서 교회와 사회를 기억할 수 있고 그래야만 한다. 성서적 희망의 "그럼에도 불구하고"라는 역설적 진리가 되는 "플러스 울트라(plus ultra)"는 남아있고, 각양각색의 부조리와 억눌림과 절망 가운데에서도 끊임없이 희망을 말할 수 있는 그러한 신학적 여정의 일관된 소신(ceterum autem)인 "십자가 아래"라는 관점이 남아있는 것이다.[34]

1995년 필자의 스승인 얀 밀리치 로흐만 교수는 필자가 스위스에서 학위마치고 난 뒤 바로 한국을 다시 방문하셨었다. 그때는 유럽의 동구권이 몰락하고 나서 자본주의의 일방적 승리가 팽배하였던 시기였는데, 로흐만 교수는 "사회주의의 꿈은 남아있는가"[35]라는 제목으로 연세대학교 루스채플에서 강연하셨다. 필자는 루스채플의 강단을 볼 때마다 그분의 가르침을 떠올리곤 한다. 반어법적인 이 제목에서도 이미 드러나 있는 바와 같이 "사회주의의 꿈"은 남아 있어야 한다는 역설적

34) Vgl. J.M. Lochman, Ibid.

35) 얀 밀리치 로흐만, 『살아있는 유산』, 김원배, 정미현 공역, (서울: 한국기독교 장로회 신학연구소, 1997), 119-141.

강조가 들어있는 내용이었다. 체제화된 사회주의는 문제 투성이였고 비판되어야 하지만, 그리고 지구상 어디에도 이러한 사회주의가 이상적으로 실현되고 발전된 곳은 없었지만, 사회주의의 근본적 꿈과 원칙은 중요한 것이다. 이 강연은 그리스도교적 가치와 사회주의적 꿈과의 접점을 찾으면서 무한경쟁과 지속가능성을 염두에 두지 못한 개발과 절제하지 못하는 고삐풀린 자본주의의 독주에 대한 그리스도교적 시각에서의 경고의 멧세지를 담고 있었다.

로흐만의 다수의 저서가운데 우리말로 번역된 것은 "그리스도냐 프로메테우스냐?", "사도신경해설", "자유의 길", "주기도문 해설", "해방의 축제", "살아있는 유산"등이 있다. 로흐만 교수의 신학적 핵심 사상의 주제는 체코 개혁교회 전통의 유산, 진리를 향한 열정과 관용, 그리스도교인과 마르크스주의와의 대화,[36] 스위스 종교개혁의 사회 경제적 의미, 종말론적 전망 가운데 그리스도교인의 사회적 책임 강조 등으로 정리해 볼 수 있겠다. 그의 신학은 이념적으로 좌파와 우파에 치우치지 않는 중도적 성격을 지니고 있었다. 그것은 다원화된 종교와 종교적 긴장과 갈등의 상황, 개인별, 국가별, 사회경제적 격차가 더욱 첨예하게 벌어지는 오늘날의 세계적 상황 혹은 이념간의 대립문제에 모두 적용될 수 있는 방법이다. 특별히 그리스도교와 마르크스주의자들과의 대화를 추구했던 그의 신학은 분단된 채 60년 넘게 살아가고 있으며, 통일과 통일 이후를 준비해 나아가야 하는 우리나라 신학에 여전

---

36) Vgl. J.M. Lochman, *Marx begegnen. Was Christen und Marxisten eint und trennt*, (Gütersloh: Gütersloher Verlagshaus, 1977); J.M. Lochman, *Christus oder Prometheus? Die Kernfrage des christlich-marxistischen Dialogs und die Christologie*, (Hamburg: Furche Verlag, 1972); J.M. Lochman, *Encountering Marx. Bonds and Barriers between Christians and Marxists*, (Philadelphia: Fortress Press, 1977). J.M. Lochman, *Church in a Marxist Society. A Moving report from Czechoslovakia*, (New York: Harper & Row, 1970).

히 유효한 내용들과 방법을 제시하고 있다.

또한 신학 앞에 붙는 많은 수식어가 각각의 상황에 따라 중요하지만(예를 들어, 여성신학, 민중신학, 해방신학 등등), 그럼에도 불구하고 신학본연의 자세를 견지해야 한다는 것이 그의 신학의 기본 명제였다. 즉 해방, 여성, 민중 등의 수식어가 주어가 되는 것이 아니라, 신학 그 자체가 주어가 되어야 한다는 뜻이다. 상황은 그 때 그 때 마다 변하게 되는 가변성을 지녔기 때문이다. 그러므로 그 시대적인 가치와 신학의 상황성을 중요시 하면서도 지역과 시대를 넘어서는 신학의 보편성을 염두에 두며 강조하는 것이다. 결론적으로 다름의 가치를 인정하되 스스로의 정체성을 포기하지 않고, 진리를 추구하고자 하는 신학을 지향하는 이들에게 꼭 필요한 이정표를 제시하는 것이 그의 신학이라고 볼 수 있겠다. 그의 신학은 다원주의화된 세계 속에서 살아가는 우리에게 상생과 공존을 지향하면서도, 그리스도교 신학의 고유성을 고백하며 간직하는 신학의 중요한 한 표본이 되어주고 있기 때문이다. 그것은 진리를 향한 정열을 지니지만, 독선과 배타성을 내려놓고 나의 가치와 판단기준과 다른 것을 포용할 수 있는 관용이 어우러진 자세와 내용이다.

이 책을 마무리하며 결론적으로 요약해 보면 다음과 같다. 체코 종교개혁은 유럽대륙의 다른 종교개혁과 달리 체코인들의 민족적 고난의 역사와 연관되어 있다. 종교개혁 이후 개신교 신앙을 지키기 위해 정든 고향산천을 뒤로 하고 신앙의 순례자(Communio viatorum)가 되었던 많은 신앙의 선배들이 존재했다. 이들이 있었기에 우리에게 개혁주의적 신앙의 유산이 전해져 내려올 수 있었다. 이들에게는 세속적인 측면에서 모든 것을 잃어버렸던 상황에서도, 종교개혁자 얀 후스가 말했듯 "진리가 승리한다.(Pravda vitezi)"는 궁극적인 "종말론적 희망"이 끊임없이 함께했다. 비록 이들의 삶의 과정이 인간적 척도로 보기에 끊임없는 실패와 역경으로 연속되었을지라도 말이다. 이러한 믿음은 체코 신학에 면면히 흐르는 "세상은 변화된다.(Status mundi renovabitur)"는 긍정적 희망과 함께 어우러졌다. 이것은 죽음 이후의 구원이나, 구체적 행동 없는 "값싼 은혜(billige gnade)"만을 강조하는 진보적 낙관론이 아니라, 진리가 궁극적으로 승리한다는 믿음 속에서 개인과 사회의 부단한 개혁을 추구하며 복음의 역동적 힘을 능동적으로 따르게 하는 것이다. 진부하게 들릴지도 모르지만, 여전히 우리에게는 유효하고 필요한 개인구원과 사회구원의 조화가 이 신학전통에 들어있다. 즉 이 신학 전통은 어느 한쪽 만의 강조가 아니라 균형잡힌 시각을 견지하고 있다. 환언하면 신앙과 신학의 측면에서 소위 "보수적"이면서, 사회정의를 실현하는 측면에서는 "진보적" 성향을 지녔다는 것이다. 하늘에서의 구원만 생각하여, 이 땅에서의 사회적 책임을 간과해서도 안될 것이고, 이 땅에서의 사회적 책임만을 강조하다 하늘에서의 구원에 대한 소망을 망각해서도 안될 것이다. 후스와 코메니우스를 통해 이어진 이러한 신학 사조는 헤른후트 공동체를 통하여 전 세계로 확산되었고 근, 현대에는 로마드카에 의해 로흐만에게로 전하여 졌다. 이들은 각 시대와 상황에 따라 주어진 여건 안에서 진리를 따르고자 정열적으로 최선을 다했고, 관용적인 태도로 세상을 감싸 안고자 노력했던 진정한 신앙의 선배요, 스승들이었다. 그렇기 때문에 이 전통은 체코의 지리적 경계를 넘어, 전 유럽으로 확산 되고, 또한 모라비아 공동체의 선교에 의하여 전 세계로 체코신학의 지평을 확대하였다.